OLIVER CHAMA

STUDIEN FÜHRER

Juristische Grundlagen-fehler

OLIVER CHAMA

STUDIEN FÜHRER

Juristische Grundlagen-fehler

Eden BOOKS

VORWORT

Dieses Buch ersetzt weder die Lektüre guter Lehrbücher noch den Besuch universitärer Lehrveranstaltungen. Es ergänzt jedoch beides und bietet im Rahmen der juristischen Ausbildung von Anfang bis Ende einen Ratgeber für sämtliche Klausuren und Hausarbeiten im Pflichtfachbereich. Nicht nur enthält dieses Buch eine systematisch geordnete Zusammenstellung typischer Fehler in juristischen Klausuren. Dem Leser soll zugleich das Verständnis dafür vermittelt werden, warum etwas falsch ist und wie schwer der jeweilige Fehler wiegt. Dieses Buch kann in jeder Phase der juristischen Ausbildung – vom ersten Semester bis zum Ende des Referendariats – gewinnbringend gelesen werden.

Grundlage dieses Buches ist meine jahrelange Erfahrung als Prüfer und Korrektor an verschiedenen juristischen Fakultäten im Freistaat Bayern. Nachdem ich über 30.000 Klausuren und Hausarbeiten korrigiert und bewertet habe, weiß ich die methodischen und inhaltlichen Probleme, die sich den Bearbeitern[1] von juristischen Klausuren stellen, einzuschätzen. Ca. neunzig Prozent aller Fehler in Klausuren und Hausarbeiten wiederholen sich immer und immer wieder. Dieses Buch schließt eine Lücke in der umfassenden juristischen Ausbildungsliteratur, denn es zeigt diese und weitere Fehler auf und kann daher jeder guten Klausurvorbereitung den »letzten Schliff« geben.

Der Leser soll nicht sämtliche Fehler bzw. die entsprechenden korrekten Ausführungen auswendig lernen. Im Laufe seiner

1 Ausschließlich im Sinne der besseren Lesbarkeit wird im Folgenden stets nur die männliche Form gewählt.

juristischen Ausbildung sollte der Leser aber sämtliche Fehlerquellen kennengelernt und so die nötige Sensibilität zur Vermeidung derartiger Fehler gewonnen haben. Aus Fehlern lernt man sehr viel. Entweder muss man dazu diese Fehler in der Klausur selbst machen und damit aus eigener Erfahrung lernen. Oder man lernt das Gleiche mit deutlich weniger Frustpotenzial aus fremder Erfahrung mit diesem Buch.

Da es sich um einen Praxisratgeber handelt, der unmittelbar auf entsprechender Berufserfahrung gründet, wurde bewusst auf einen wissenschaftlichen Fußnotenapparat verzichtet.

Ich danke meiner Frau Alexandra, von der nicht nur die Grundidee für dieses Werk stammt, sondern die mich auch beim Schreiben stets mit inhaltlichen Ideen und konstruktiver Kritik unterstützt und geduldig auf die gemeinsame Freizeit verzichtet hat.

Auch ein Buch über Fehler ist nicht frei von solchen. Für Anregungen und Kritik seitens der Leserschaft, die Sie an chama@juristischegrundlagen.de schicken, bin ich sehr dankbar.

Weitere Beispiele juristischer Grundlagenfehler und misslungener Klausurformulierungen sind auf https://www.facebook.com/JuristischeGrundlagenfehler zu finden.

München im Juli 2015 — Oliver Chama

TEIL 1

DIE BEARBEITUNG UND KORREKTUR JURISTISCHER KLAUSUREN

§

1. KAPITEL: DIE ARBEIT MIT DEM SACHVERHALT

Juristische Klausuren sind bis einschließlich zum ersten Staatsexamen in ihrer Aufgabenstellung nahezu immer gleich. Man hat ein Gutachten über einen Sachverhalt zu erstellen. Der Gutachtenauftrag lautet bei Klausuren aus dem Strafrecht immer auf die Untersuchung der Strafbarkeit einer oder mehrerer Personen aus dem gestellten Sachverhalt. Bei Klausuren aus dem Öffentlichen Recht ist zu prüfen, ob der Staat bzw. eine andere Gebietskörperschaft des öffentlichen Rechts rechtmäßig gehandelt haben. Bei Gutachten aus dem Zivilrecht ist schließlich die Frage zu beantworten, ob eine Person gegen eine andere Person einen Anspruch auf eine bestimmte oder vom Gutachter noch zu bestimmende Leistung hat. Das Prinzip ist immer das gleiche, aber die Sachverhalte variieren in Umfang, Komplexität und Thematik sehr stark. Es gibt Sachverhalte, die nur ein einziges juristisches Thema vertieft abprüfen (eher selten), und es gibt Sachverhalte, in denen zahlreiche völlig verschiedene juristische Fragestellungen aufgeworfen werden, die allesamt mehr oder weniger vertieft behandelt werden müssen.

Die erste Schwierigkeit in einer juristischen Klausur besteht darin, den Sachverhalt zu erfassen. Der Sachverhalt enthält oftmals eine Vielzahl von einzelnen Handlungsabläufen, oft auch zahlreiche Kalenderdaten. Der erste Arbeitsschritt, den der Prüfungskandidat zu erbringen hat, ist die Erfassung des Sachverhalts in all seinen Details. Man muss wissen, was wann wie und warum passiert ist, um den Sachverhalt rechtlich vertretbar bewerten zu können. Wird ein Detail übersehen, kann dies dazu führen, dass das aufwendig erarbeitete Ergebnis nicht mehr vertretbar ist.

Die erste notenrelevante Leistung bei der Bearbeitung juristischer Klausuren erbringt der Prüfungskandidat also mit der Erfassung des Sachverhalts. Man mag der Auffassung sein, die Erfassung des Sachverhalts sei lästig und koste viel Zeit. Sich mit dem Sachverhalt »herumzuärgern«, sei doch keine juristische Tätigkeit und man studiere Jura, um das Gesetz verstehen zu lernen. In Wahrheit ist die Erfassung des Sachverhalts eine für Juristen sehr alltägliche Aufgabe. Egal ob man als Rechtsanwalt, Staatsanwalt, Richter oder Notar arbeitet. Man muss tagtäglich Sachverhalte erfassen, bevor man zur »eigentlichen« juristischen Arbeit kommt. In der Praxis kommt erschwerend hinzu, dass nicht immer »fertige« Sachverhalte zu erfassen sind. Sofern man nicht bereits das Berufsziel »Revisionsrichter« erreicht hat, muss oftmals zunächst der Sachverhalt vollständig ermittelt werden. Es ist deshalb enorm wichtig, bereits in der juristischen Ausbildung den Umgang mit komplexen Sachverhalten zu lernen. So erlernt und übt man auch, Wesentliches von Unwesentlichem zu unterscheiden. Ohne diese Fähigkeit kann man keinen juristischen Beruf vernünftig oder gar erfolgreich ausüben.

Das Erfassen des Sachverhalts »kostet« in Wahrheit keine Zeit. Die für die Erfassung des Sachverhalts aufgewendete Zeit stellt eine Investition in eine gute Note dar. Je gründlicher und intensiver der Sachverhalt erfasst wurde, desto besser wird das Gutachten sein, das der Prüfungskandidat verfasst. Die Sachverhaltserfassung stellt eine eigenständige Prüfungsleistung dar. Allein für sie müsste der Korrektor bis zu neun Punkte geben. Das Problem ist, dass der Korrektor nicht ohne Weiteres sehen kann, wie gut der Klausurkandidat den Sachverhalt erfasst hat, sondern dies anhand des vom Prüfungskandidaten verfassten Gutachtens beurteilen muss. Je mehr Umstände und Details aus dem Sachverhalt sich in der Subsumtion wiederfinden, desto besser wurde der Sachverhalt erfasst und ausgewertet. Die Benotung muss dem Rechnung tragen. Umgekehrt wirkt es sich regelmäßig äußerst negativ auf die Benotung aus, wenn aus dem Gutachten ersichtlich ist, dass eigentlich nur abstrakte Ausführungen zu bestimmten Rechtsfragen vorhanden sind, ohne dass eine hinreichende Sachverhaltsauswertung vorgenommen wurde. Oftmals lesen sich in Klausuren verfasste Gutachten, als hätten ihre Verfasser den Sachverhalt lediglich als Anlass oder als günstige Gelegenheit genommen, bestimmte Rechtsfragen abstrakt zu erörtern, anstatt – entsprechend ihrer Aufgabe – den Sachverhalt zu begutachten. Ein guter Jurist zeichnet sich jedoch nicht dadurch aus, dass er das Recht versteht und insoweit über viel Fachwissen verfügt. Erforderlich ist die Fähigkeit, das Recht mit Verständnis auf einen Lebenssachverhalt anzuwenden. Zu diesem Zweck werden Gesetze geschaffen.

Der Sachverhalt gibt den Schwierigkeitsgrad der Klausur vor. Ein Sachverhalt, in dem es um Kreditsicherungsrecht geht, ist nicht unbedingt schwieriger zu begutachten als ein Sachverhalt, in dem es um Fragen des Kaufrechts geht. Denn Kreditsicherungsrecht ist abstrakt gesehen nicht schwieriger als Kaufrecht. Der Gesetzgeber hat auch nicht bewusst bestimmte Rechtsmaterien schwieriger gestaltet als andere, um in juristischen Klausuren eine Differenzierung im Schwierigkeitsgrad zu ermöglichen. Eine schwierige Klausur zeichnet sich daher nicht durch ihre Thematik aus, sondern durch die Komplexität des zur Begutachtung gestellten Sachverhalts.

Da die Erfassung des Sachverhalts die erste Prüfungsleistung ist, können hier auch die ersten Fehler passieren. Regelmäßig sind dies die schlimmsten. Wenn etwa der Sachverhalt dem Klausurkandidaten nicht »liegt«, besteht die Gefahr, dass er ihn beim Verfassen des Gutachtens nicht ausreichend beachtet. Im Extremfall kann dann das gesamte Gutachten als »Themaverfehlung« unbrauchbar sein. Wenn etwa in einer Klausur aus dem Öffentlichen Recht nach der Verfassungsmäßigkeit eines bestimmten Gesetzes gefragt wird, im Sachverhalt aber weit und breit nirgendwo die Rede davon ist, dass zur Prüfung dieses Gesetzes eine abstrakte Normenkontrolle beim Bundesverfassungsgericht eingeleitet wurde, so stellt es einen katastrophalen Fehler dar, im Gutachten die Erfolgsaussichten der abstrakten Normenkontrolle zu prüfen. Selbst wenn der Korrektor diese »Zusatzausführungen« nicht negativ in seine Bewertung einfließen lassen sollte, so schadet sich der Prüfungskandidat zumindest dadurch enorm, dass er viel kostbare Zeit auf etwas verwendet, was überhaupt nicht gefragt ist. Im Bestfall sind solche Ausführungen »am Thema vorbei« für die Benotung nichts wert. Die meisten Korrektoren werden darüber hinausgehend aber sogar einen spürbaren Punktabzug vornehmen, weil die erste Prüfungsleistung – die Sachverhaltserfassung – offenbar misslungen ist, wenn etwas geprüft und erörtert wird, was laut Sachverhalt aber gar nicht passiert ist.

Es gibt auch Rechtsfragen, die der Sachverhalt zwar aufwirft, die jedoch durch den Bearbeitervermerk ausdrücklich von der Prüfung ausgenommen werden. Dies kann dadurch geschehen, dass ein bestimmtes Ergebnis zu unterstellen ist (z. B. »Die formelle Verfassungsmäßigkeit ist als gegeben anzusehen.«), oder dadurch, dass bestimmte Rechtsfragen schlicht nicht erörtert werden sollen (z. B. »Eine Strafbarkeit nach § 239a, § 239b StGB ist nicht zu prüfen.«). Auch in einem solchen Fall wird die Qualität eines Gutachtens erheblich gemindert, wenn unter Verstoß gegen die Anweisung im Bearbeitervermerk etwas untersucht wird, was nicht zu untersuchen ist.

2. KAPITEL: BEWERTUNGS-KRITERIEN JURISTISCHER KLAUSUREN

Die Bewertung juristischer Klausuren beruht in der Regel auf drei elementaren Kriterien: Inhalt, Aufbau und Stil.

Inhaltlich muss eine Klausur erkennen lassen, dass ihr Verfasser sich mit dem Sachverhalt und den sich daraus ergebenen Rechtsfragen auseinandergesetzt und dabei das Recht mit Verständnis angewendet hat. Eine inhaltlich gelungene Klausur zeichnet sich auch dadurch aus, dass sie nicht nur die bloße Behauptung von Rechtsfolgen enthält, sondern solche Behauptungen auch begründet werden. Dabei steigen die Anforderungen an die Qualität der Begründung mit der Bedeutung der jeweiligen Rechtsfrage für den konkreten Sachverhalt. Je wichtiger, d. h. entscheidender für die Beurteilung des jeweiligen Sachverhalts, eine bestimmte Rechtsfrage ist, desto umfassender und vertiefter muss die argumentative Auseinandersetzung mit dieser Rechtsfrage erfolgen. Umgekehrt zeigt der Bearbeiter mit einer Kurzbegründung bei weniger relevanten Rechtsfragen auch, dass er Wesentliches von Unwesentlichem unterscheiden kann. Eine gelungene Schwerpunktsetzung ist ebenfalls ein wichtiges Kriterium für die inhaltliche Qualität einer Klausur. Wenn zu einer wichtigen Rechtsfrage viel geschrieben wird, kann es sein, dass das Geschriebene zwar inhaltlich nicht überzeugend ist, der Verfasser aber immerhin erkannt hat, dass das Problem so wichtig ist, dass ihm im Gutachten eine entsprechende Bedeutung beizumessen ist. Dies hat der Korrektor bei der Bewertung der Arbeit unbedingt zu berücksichtigen.

Der Aufbau einer Klausur muss zumindest nachvollziehbar sein. Regelmäßig setzt dies einen Aufbau entsprechend der gesetzlichen Systematik voraus. Wichtig ist vor allem, dass sich der Aufbau immer selbst erklärt. Ein Aufbau, der vom Klausurverfasser im Gutachten erklärt wird, dürfte misslungen sein. Das Bewertungskriterium »Aufbau« ist untrennbar mit dem Inhalt der Arbeit verbunden. Die Qualität des Inhalts wird oft durch die Qualität des Aufbaus beeinflusst. Dies zeigt sich insbesondere daran, dass Klausuren häufig inhaltlich richtige Ausführungen enthalten, diese aber im Aufbau völlig falsch verortet werden. Die Verortung an der falschen Stelle kann im Extremfall dazu führen, dass die inhaltlich an sich gelungenen Ausführungen völlig entwertet werden. Der Aufbau kann so gewissermaßen den Inhalt zerstören. Dies dürfte vor allem dann der Fall sein, wenn der falsche Aufbau zeigt, dass der Klausurverfasser den Sinn und die Bedeutung seiner Ausführungen und die zugrunde liegende Gesetzessystematik selbst nicht verstanden hat.

Der Stil der Klausur muss den Anforderungen an ein juristisches Gutachten entsprechen. Der Gutachtenstil zeichnet sich dadurch aus, dass zunächst eine Hypothese aufgestellt wird. Dann wird festgelegt, an welchen Kriterien sich die Richtigkeit dieser Hypothese messen lassen muss (Gesetz oder Definition). Anschließend erfolgt die Subsumtion. Diese ist der gehaltvollste Teil der Prüfung, denn hier wird der Sachverhalt anhand des oben genannten Kriteriums überprüft und festgestellt, ob er das Kriterium erfüllt oder nicht. Abschließend erfolgt die Konklusion, also die Feststellung, ob die Subsumtion im Ergebnis zur Verifizierung der Hypothese geführt hat oder nicht. Nicht bei allen Aspekten des Falles ist eine derartige Prüfung im Gutachtenstil geboten. Bei weniger problematischen Aspekten ist eine Prüfung im Urteilsstil angezeigt. Hierbei wird zuerst das Ergebnis behauptet. Dann wird dieses Ergebnis begründet, indem gezeigt wird, dass der Sachverhalt sich unter das Gesetz bzw. eine Definition subsumieren lässt. Irrelevante oder völlig unproblematische Aspekte sind im sogenannten »Feststellungsstil« lediglich kurz begründet festzustellen. Unbedingt zu vermeiden ist stets der sogenannte »Märchenstil«. Dieser zeichnet sich dadurch aus, dass lediglich der Sachverhalt nacherzählt wird und zwischendurch Gesetzeszitate oder einzelne rechtliche Wertungen einfließen. An manchen juristischen Fakultäten wird von den Studierenden in den ersten Semestern erwartet, dass sie immer und ohne Ausnahme ihre gesamte Klausur im Gutachtenstil schreiben. Auch völlig unproblematische Aspekte sollen demnach gutachtlich geprüft werden. Diese Praxis ist jedoch äußerst bedenklich, denn so erlernt der Studierende gleich zu Beginn seiner Ausbildung etwas als richtig, das ihm spätestens nach der Zwischenprüfung von den Korrektoren als falsch angelastet werden wird, nämlich die blinde Anwendung des Gutachtenstils auch bei unproblematischen Aspekten. Ein solches Vorgehen zeugt nicht davon, dass der Verfasser Wesentliches von Unwesentlichem unterschieden kann, denn diese Fähigkeit zeigt sich vor allem daran, dass man sich bei unproblematischen Aspekten kurz fasst. Der Gutachtenstil lässt aber ein Sich-kurz-Fassen kaum zu. Daher ist auch Studierenden in den ersten Semestern dringend zu raten, so früh wie möglich zu lernen, zwischen Gutachten- und Urteilsstil zu wechseln und diese Fähigkeit auch in den Klausuren anzuwenden.

3. KAPITEL: WAS IST EIN FEHLER UND WAS NUR NICHT VERTRETBAR?

Als Korrektor sieht man sich immer wieder mit Klausurausführungen konfrontiert, die nicht dem entsprechen, was man selbst aufgrund der »Musterlösung« und der eigenen juristischen Ausbildung und Erfahrung für richtig hält. Dann stellt sich die Frage, ob ein echter Fehler vorliegt oder ob es sich »nur« um Ausführungen handelt, die nicht vertretbar sind. Ein Fehler wiegt regelmäßig schwerer als eine Behauptung, die lediglich nicht vertretbar ist. Um diese beiden Kategorien zu unterscheiden, muss zunächst zwischen gesetzesbezogenen Ausführungen und sachverhaltsbezogenen Ausführungen unterschieden werden.

Sachverhaltsbezogene Ausführungen sind solche, die sich im Gutachten auf der Subsumtionsebene finden. Wenn geprüft wird, ob eine Sache fremd im Sinne von § 242 StGB ist, muss hierzu die entsprechende Sachverhaltsinformation über die Eigentumslage (bspw. »das Buch des A«) herangezogen werden. Wenn insoweit eine Information subsumiert wird, die so im Sachverhalt gar nicht gegeben wird (»das Buch des B«), liegt ein Fehler bei der Sachverhaltsanwendung vor. Solche Fehler wiegen regelmäßig schwer, weil der Prüfer als Grundvoraussetzung für das Gelingen einer Klausur von deren Bearbeitern verlangen darf, dass diese den Sachverhalt richtig lesen und nichts subsumieren, was (so) im Sachverhalt nicht steht. Nur sehr selten sind Sachverhalte vom Aufgabensteller so schlecht konzipiert, dass dem Klausurbearbeiter ein Interpretationsspielraum bleibt, innerhalb dessen er dann den Sachverhalt nach seinem Ermessen strecken und stauchen kann, um entsprechendes Subsumtionsmaterial zu gewinnen. Nur insoweit kann es zu der Frage kommen, ob eine entsprechende Sachverhaltsdeutung vertretbar ist oder nicht. Bei gut gestellten (»klaren«) Sachverhalten stellt sich diese Frage nicht.

Bei gesetzesbezogenen Ausführungen liegt ein Fehler dann vor, wenn Ausführungen nicht mit dem Gesetz vereinbar sind. Die Frage der Vereinbarkeit ist im Einzelfall anhand des Wortlauts, der Systematik, der Entstehungsgeschichte und des Telos des Gesetzes zu beantworten. Wenn beispielsweise ein Klausurbearbeiter behauptet, der Zugang der Willenserklärung beim Minderjährigen nach § 130 Abs. 1 BGB bewirke die Wirksamkeit der Willenserklärung, liegt er falsch. Nach § 131 Abs. 2 BGB erfordert nämlich die Wirksamkeit der Willenserklärung gegenüber einem Minderjährigen den Zugang bei seinem gesetzlichen Vertreter. Hier wurde also das Gesetz verkannt. Die erstgenannte Behauptung ist mit dem Gesetz (§ 131 Abs. 2 BGB) nicht vereinbar und daher falsch.

Anders verhält es sich bspw. mit der Behauptung, Bundespräsident könne man höchstens für zehn Jahre sein. Nach Art. 54 Abs. 2 S. 2 GG ist eine »anschließende« Wiederwahl nach der fünfjährigen Amtszeit nur einmal zulässig. Es spricht vom Wortlaut des Gesetzes her also nichts dagegen, dass jemand als Bundespräsident zehn Jahre im Amt ist, sodann ein anderer Kandidat das Amt übernimmt und schon nach dessen Rücktritt kurze Zeit später der vorherige Kandidat seine insgesamt dritte Amtszeit antritt. Dennoch liegt hier kein Fehler vor, wenn man behauptet, es könne höchstens zwei Amtsperioden mit demselben Amtswalter geben. Denn mit der Feststellung, der Wortlaut des Gesetzes lasse eine dritte Amtszeit des identischen Bundespräsidenten zu, ist es nicht getan. Im Hinblick auf die schlechten Erfahrungen mit dem Reichspräsidenten Hindenburg in der Weimarer Republik kann durchaus angenommen werden, Telos, Systematik und Entstehungsgeschichte des Art. 54 Abs. 2 GG gebieten eine möglichst geringe Machtkontinuität. Dem Wörtchen »anschließende« könne daher keine überragende Bedeutung zukommen. So kann durchaus vertretbar behauptet werden, nach zehn Jahren Amtszeit sei für denselben Kandidaten keine weitere Amtszeit mehr möglich. Dies kann jedenfalls anhand des Gesetzes begründet werden. Wenn die Begründung hierfür argumentativ gestützt und folgerichtig ist, ist diese Auffassung daher durchaus vertretbar. Wenn allerdings schon die Begründung das Gesetz verkennt oder fehlerhaft anwendet, ist diese Begründung falsch und das damit gefundene Ergebnis so nicht vertretbar.

Wer etwa behauptet, eine Strafbarkeit bei Schuldunfähigkeit sei kategorisch ausgeschlossen und die Rechtsfigur der alic (actio libera in causa) sei komplett abzulehnen, bewegt sich zwar gegen die herrschende Meinung, dennoch kann diese Behauptung ohne Weiteres mit dem verfassungsrechtlich fundierten Grundsatz nulla poena sine lege vertretbar begründet werden. Wer dasselbe mit dem Erlaubnistatbestandsirrtum versucht, wird größere Probleme haben. Dessen kategorische Ablehnung in der Klausur folgerichtig zu begründen, dürfte so aufwendig sein, dass es kaum gelingen wird. Dennoch läge kein »echter« Fehler vor, da die Ablehnung des Erlaubnistatbestandsirrtums in Ermangelung einer entsprechenden gesetzlichen Regelung nicht gegen das Gesetz verstoßen dürfte.

Wenn die Begründung argumentativ gestützt ist und folgerichtig das Ergebnis herleitet, darf der Prüfer das Ergebnis keinesfalls als falsch ansehen, selbst wenn die »Musterlösung«, er selbst, das BVerfG und Professor XY es anders sehen als der Klausurbearbeiter.

Die Grenzen zwischen einem Fehler und dem Nichtvertretbaren sind freilich fließend. Je besser die Begründung einer rechtlichen Behauptung ist, desto geringer die Gefahr, dass der Prüfer von einem Fehler ausgehen kann.

4. KAPITEL: BEURTEILUNGSSPIELRAUM UND ERMESSEN DES PRÜFERS

Der Prüfer bzw. Korrektor hat einen Beurteilungsspielraum dahingehend, was er als falsch oder richtig, als vertretbar bzw. nicht vertretbar ansieht. Jedoch wird dieser Beurteilungsspielraum eingeschränkt. Soweit bspw. Korrekturanweisungen oder die »Musterlösung« des Aufgabenstellers anordnen, dass bestimmte Ausführungen nicht als falsch gewertet werden dürfen, so wird dadurch der Beurteilungsspielraum des Korrektors zumindest faktisch beschränkt.

Es liegt außerdem im Ermessen des Prüfers bzw. Korrektors, wie schwer bestimmte Fehler oder unvertretbare Ausführungen bei der Notengebung wiegen und welche Note er insgesamt unter Berücksichtigung aller Vorzüge und Defizite der Bearbeitung für angemessen hält. Insoweit ist er völlig frei und eine darauf bezogene Remonstration kann nur bei Ermessensfehlern Erfolg haben.

Zusammenfassend hat der Prüfer also einen Beurteilungsspielraum hinsichtlich der Frage, was falsch oder richtig bzw. vertretbar oder nicht vertretbar ist. Wenn ein Prüfungskandidat gegen die Korrektur remonstrieren will, sollte er sich auf diesen Bereich konzentrieren. Bei der Gewichtung der Mängel und Vorzüge der Klausur hat der Prüfer ein Ermessen, dessen Ausübung im Wege der Remonstration nur auf Ermessensfehler hin überprüft werden kann. Entsprechende Remonstrationen haben so gut wie nie Aussicht auf Erfolg.

TEIL 2

GRUNDLAGENFEHLER UND SONSTIGE MÄNGEL IN JURISTISCHEN KLAUSUREN

§

5. KAPITEL: HINWEISE

Im Folgenden werden die häufigsten Fehler (jeweils in Kursivdruck) aus den einzelnen Rechtsgebieten aufgelistet und erklärt. Die Sortierung orientiert sich im Zivilecht und im Strafrecht nach der Reihenfolge der betroffenen Vorschriften im Gesetz. Im Zivilrecht wurden jedoch Fehler aus den sogenannten »Nebengebieten« im Anschluss an den »Kernbereich« eingeordnet. Im Öffentlichen Recht wird zwischen Verwaltungsrecht und Staatsrecht differenziert. Innerhalb dieser beiden Blöcke werden die Fehler im Wesentlichen so aufgeführt, wie sie in der Klausur im Aufbau auftreten können. Dabei wird von einer Klausur ausgegangen, bei der die Zulässigkeit und Begründetheit eines Rechtsbehelfs zu prüfen ist.

Jeder Fehler hat eingangs einen, zwei oder drei Sterne erhalten. Ein Stern bedeutet, dass es sich um einen erheblichen, d. h. sich in der Bewertung regelmäßig auswirkenden, jedoch nicht um einen gravierenden Mangel handelt. Zwei Sterne erhält ein Fehler, der als gravierend den Wert der Klausurbearbeitung deutlich mindert. Ein Fehler erhält drei Sterne, wenn es sich um einen echten Grundlagenfehler handelt, also um einen solchen, bei dem nur ausnahmsweise noch von einer ausreichenden Leistung ausgegangen werden kann. Diese Gewichtung beruht nicht allein auf dem Ermessen des Autors, sondern auch auf Erfahrungswerten hinsichtlich der Arbeitsweise anderer Korrekturassistenten und Prüfer. Letztlich handelt es sich aber notwendigerweise um eine subjektiv determinierte Bewertung.

Empfohlen wird, die Fehler durchzulesen und zunächst selbständig zu überlegen, was genau an den wiedergegebenen Ausführungen falsch ist. Erst im Anschluss sollte die entsprechende Erklärung gelesen werden.

Die sich an die einzelnen Abschnitte anschließenden Testfragen und Fälle dienen der Verständniskontrolle und Ergänzung für häufig auftretende Klausurfragen.

6. KAPITEL: ALLGEMEINE STILISTISCHE FEHLER

Fehler Nr. 1*

»Möglicherweise könnte A gegen B einen Anspruch auf Kaufpreiszahlung haben.«

Derartige Doppelhypothesen (»möglicherweise könnte«) sind zu vermeiden. Richtig schreibt man »Möglicherweise hat A gegen B einen Anspruch ...« oder »A könnte gegen B einen Anspruch auf ... haben«.

Fehler Nr. 2*

»Problematisch könnte aber sein, dass ...«

Entweder etwas ist problematisch und damit erörterungsbedürftig. Oder etwas ist unproblematisch und damit nicht erörterungsbedürftig. Es kann nicht sein, dass man im juristischen Gutachten erst prüfen und erörtern muss, ob etwas überhaupt problematisch ist, und bejahendenfalls dann das Problem als solches erörtert.

Fehler Nr. 3**

»Daher ist der Anspruch wohl gegeben.«

Mit einem derartigen Satz verweigert der Prüfungskandidat die ihm obliegende Arbeit. Eine Klausuraufgabe im Jurastudium besteht in der Regel darin, Rechtsfragen gutachtlich zu klären. Am Schluss muss zwingend ein klares Ergebnis stehen. Jede Relativierung dieser Klarheit durch Unsicherheitsfloskeln wie »wohl«, »scheinbar« etc. sind unbedingt zu vermeiden.

Fehler Nr. 4**

»Außerdem müsste ein Schuldverhältnis vorliegen. Dies ist hier der Fall.«

Wenn etwas so offensichtlich ist, dass man es mit einem schroffen »Dies ist hier der Fall« abtun kann, welchen Sinn soll dann der vorangegangene Obersatz haben? Der Obersatz suggeriert, dass im Folgenden etwas geprüft wird. Im Folgenden wird aber nichts geprüft, es wird nur etwas festgestellt, was anscheinend so offensichtlich ist, dass es nicht einmal begründet werden muss. Bei völlig unproblematischen Aspekten ist diese Mischung aus Gutachten- und Feststellungsstil unangebracht. Daher ist sofort im Feststellungsstil zu formulieren: »Ein Schuldverhältnis liegt vor.« In Klausuren ist jedoch fast nichts so unproblematisch, dass man es nicht begründen muss. Ratsam ist daher immer eine zumindest kurze Begründung für jede rechtlich relevante Behauptung.

Fehler Nr. 5*

»Fraglich ist, ob das Buch eine Sache ist ... Fraglich ist, ob das Buch eine bewegliche Sache ist ... Fraglich ist, ob das Buch für A fremd ist ...«

Es gibt eigentlich keine Klausur, bei der wirklich alles fraglich ist. Es gibt aber Gutachten, die alles als fraglich bezeichnen. Wenn tatsächlich doch alles fraglich sein sollte, so wäre es im Sinne der sprachlichen Abwechslung und damit auch im Hinblick auf die sprachliche Überzeugungskraft geboten, hin und wieder eine andere Wendung zur Formulierung der Hypothesen zu wählen.

7. KAPITEL: ZIVILRECHT

7.1 Fehler im Zivilrecht

Fehler Nr. 1**

(Obersatz)

»A könnte gegen B einen Anspruch auf Schadensersatz haben, weil B dem A die Ware zu spät geliefert hat.«

Dieser Obersatz enthält Elemente, die er nicht enthalten darf, und umgekehrt fehlen Elemente, die nicht fehlen dürfen. In einen »Anspruchsprüfungsobersatz« in der Zivilrechtsklausur gehören der Anspruchsteller, der Anspruchsgegner, das Anspruchsziel und die Anspruchsgrundlage. Er spiegelt die Frage: »Wer will was von wem woraus?« Nicht in den Obersatz gehören Sachverhaltsfeststellungen gleich welcher Art. Dass B dem A die Ware zu spät geliefert hat, ist eine Information, die folglich im Obersatz nichts zu suchen hat.

Fehler Nr. 2*

(§ 14 BGB)

»A ist Unternehmer im Sinne von § 14 Abs. 1 BGB, weil er gemäß § 2 HGB als Kaufmann im Handelsregister eingetragen ist.«

Der Begriff des Unternehmers im Sinne des § 14 BGB darf keinesfalls mit dem Begriff des Kaufmanns nach Handelsrecht gleichgesetzt werden. Nicht jeder Unternehmer ist ein Kaufmann und nicht immer handelt der Kaufmann als Unternehmer. Deswegen darf auch nicht von der Stellung als Kaufmann auf die Unternehmereigenschaft geschlossen werden.

Kaufmann ist nach § 1 Abs. 1 HGB, wer ein Handelsgewerbe betreibt. Unternehmer ist nach § 14 Abs. 1 BGB, wer bei Abschluss eines Rechtsgeschäfts in Ausübung seiner gewerblichen oder selbstständigen beruflichen Tätigkeit handelt. Die Eigenschaft des Unternehmers ist also im Gegensatz zur Kaufmannseigenschaft rechtsgeschäftsbezogen.

Ob eine Person als Unternehmer handelt, hängt davon ab, zu welchem Zweck sie das konkrete Rechtsgeschäft abschließt. Nur bei »unternehmerischen« Zwecken kann die Unternehmereigenschaft vorliegen. Bei privaten Zwecken handelt die Person zwingend als Verbraucher gemäß § 13 BGB. Ein Unternehmer im Sinne des BGB kann daher denknotwendig nie als Verbraucher handeln, ein Kaufmann dagegen schon. Denn die Stellung als Kaufmann hat eine Person auch dann inne, wenn sie im konkreten Einzelfall zu privaten Konsumzwecken handelt. In diesen Fällen ist lediglich die Vermutung des § 344 Abs. 1 HGB widerlegt und das konkrete Geschäft ist kein Handelsgeschäft im Sinne des § 343 HGB.

Fehler Nr. 3*

(§ 105 BGB)

»A war jedoch infolge seiner Trunkenheit gemäß § 105 Abs. 2 BGB geschäftsunfähig. Fraglich ist, ob er sich hierauf berufen kann, da er sich absichtlich betrunken hat.«

Nein, diese Frage stellt sich nicht. Das Zivilrecht kennt keine der strafrechtlichen actio libera in causa vergleichbare Rechtsfigur, die dazu führen könnte, dass sich ein Geschäftsunfähiger nicht auf seine Geschäftsunfähigkeit berufen kann. Schließt jemand in einem Zustand im Sinne von § 105 Abs. 2 BGB einen Vertrag, so ist dieser Vertrag daher stets auch dann nichtig, wenn der Vertragsschließende diesen Zustand schuldhaft herbeigeführt hat. Denkbar sind in solchen Konstellationen allenfalls Schadensersatzansprüche des anderen Teils.

Fehler Nr. 4*

(§ 106 BGB)

»Zwar ist A mit 17 Jahren noch minderjährig und daher in seiner Geschäftsfähigkeit nach §§ 106, 2 BGB beschränkt. Fraglich ist aber, ob der Vertrag deshalb unwirksam sein kann. Denn A hat gegenüber dem gutgläubigen B bewusst wahrheitswidrig behauptet, er sei bereits 18 Jahre alt.«

Auch diese Frage stellt sich nicht. Im BGB geht der Schutz des Minderjährigen dem Schutz des Vertrauens und der Rechtssicherheit im Rechtsverkehr vor. Der gute Glaube an die (volle) Geschäftsfähigkeit des Vertragspartners überwindet daher niemals einen Mangel in dessen Geschäftsfähigkeit. Irrelevant für die Wirksamkeit des Rechtsgeschäfts ist es auch, ob der Minderjährige seinen Vertragspartner hinsichtlich seines Alters angelogen hat oder nicht. Lediglich für die Widerrufbarkeit eines Rechtsgeschäfts für den volljährigen Teil ist die Kenntnis von der Minderjährigkeit des anderen Teils relevant (vgl. § 109 Abs. 2 BGB).

Fehler Nr. 5**

(§ 107 BGB)

»Der Kaufvertrag ist nach § 107 BGB vorteilhaft und daher wirksam, da der Kaufpreis weit unter dem Marktwert liegt.«

Nach § 107 BGB kommt es ausschließlich auf die rechtliche und gerade nicht auf die wirtschaftliche Vorteilhaftigkeit eines Rechtsgeschäfts an. Der Kaufvertrag ist für den Minderjährigen niemals lediglich rechtlich vorteilhaft gemäß § 107 BGB, da er als synallagmatischer, entgeltlicher Vertrag immer auch Pflichten mit sich bringt. Die Angaben im Klausursachverhalt, die auf ein besonders »gutes Geschäft« für den Minderjährigen schließen lassen, dienen einzig und allein der Prüfung, ob die Studierenden dieses Grundwissen beherrschen.

Fehler Nr. 6*

(§ 108 BGB)

»Die Einwilligung könnte jedoch gemäß § 108 Abs. 1 BGB nachträglich erteilt worden sein.«

Eine Einwilligung kann per definitionem niemals im Nachhinein erteilt werden. Eine Einwilligung ist nach der Legaldefinition des § 183 S. 1 BGB die vorherige Zustimmung. Eine nachträgliche vorherige Zustimmung kann es nicht geben. Die nachträgliche Zustimmung heißt gemäß § 184 Abs. 1 BGB »Genehmigung«.

Fehler Nr. 7*

(§ 110 BGB)

»Der Vertrag gilt nach § 110 BGB als von Anfang an wirksam, da K den Kaufpreis nach seiner Vereinbarung mit V von seinem monatlichen Taschengeld in drei Raten tilgen kann.«

Das geht nicht. § 110 BGB fordert, dass der Minderjährige die Leistung bewirkt hat. Es genügt nicht, dass er die Leistung (in der Zukunft) bewirken kann. Die vom Käufer zu erbringende Leistung besteht in der Zahlung des Kaufpreises. Bei einer Ratenzahlung ist diese Leistung erst mit der Zahlung der letzten Rate bewirkt. Davor ist die Fiktion des § 110 BGB nicht anwendbar und der Vertrag ist (schwebend) unwirksam. Anders ist es etwa, wenn der Minderjährige einen Mietvertrag abschließt und die monatliche Mietzahlungspflicht jeden Monat durch sein »Taschengeld« bewirken kann. Denn hier zahlt er stets in vollem Umfang den jeweils geschuldeten Betrag.

Fehler Nr. 8*

(§ 119 BGB)

»Der Vertrag könnte aber gemäß § 119 Abs. 1 BGB wegen Anfechtung nichtig sein.«

Die Regelung des § 119 Abs. 1 BGB ordnet genauso wenig wie §§ 119 Abs. 2, 120, 123 Abs. 1, 2078 Abs. 2, 2079, 2308 BGB eine Nichtigkeit wegen Anfechtung an. Die Nichtigkeit im Falle der

Anfechtung folgt ausschließlich aus der Regelung des § 142 Abs. 1 BGB. Die Vorschriften der §§ 119, 120, 123, 2078, 2079, 2308 BGB regeln lediglich die Anfechtungsgründe, mithin Voraussetzungen der Anfechtung. Die Rechtsfolge ist stets allein der Regelung des § 142 Abs. 1 BGB zu entnehmen.

Fehler Nr. 9*

(§ 119 BGB)

»A hat sich über den Wert der Uhr geirrt, sodass ein Irrtum über eine verkehrswesentliche Eigenschaft im Sinne von § 119 Abs. 2 BGB vorliegt.«

Der Wert ist ebenso wenig wie der Preis einer Sache eine verkehrswesentliche Eigenschaft. Als Eigenschaften kommen nämlich nur der Sache anhaftende Merkmale oder unmittelbar von ihr ausgehende Beziehungen zur Umwelt infrage.[2] Der Wert einer Sache ergibt sich jedoch nicht aus ihr selbst oder ihren Beziehungen zur Umwelt, sondern aus Angebot und Nachfrage am Markt. Eigenschaften sind lediglich die wertbildenden Faktoren (z. B. Material, Gebrauchszustand) einer Sache. Erst recht kann auch nicht der Preis der Sache als verkehrswesentliche Eigenschaft in Betracht kommen. Denn wenn schon der objektive Wert einer Sache nicht zu ihren Eigenschaften zählt, kann erst recht nicht der unter Umständen völlig willkürlich festgelegte Preis der Sache eine verkehrswesentliche Eigenschaft darstellen.

2 Palandt/Ellenberger, BGB, § 119 Rn. 24.

Fehler Nr. 10*

(§ 121 BGB)

»Die Anfechtungsfrist des § 121 Abs. 1 BGB ist verstrichen, da A seine Erklärung nicht sofort angefochten hat.«

Das musste A auch nicht. Unverzüglich bedeutet gerade nicht »sofort«. Die Regelung des § 121 Abs. 1 BGB setzt lediglich eine unverzügliche Anfechtung voraus. Würde man eine sofortige Anfechtung verlangen, bedeutete dies eine Anfechtung »so schnell wie objektiv möglich«. Eine unverzügliche Anfechtung liegt jedoch nach der in § 121 Abs. 1 S. 1 BGB enthaltenen Legaldefinition bereits dann vor, wenn sie ohne schuldhaftes Zögern erfolgt ist. Um die Schuldhaftigkeit des Zögerns zu beurteilen, ist eine Gesamtbetrachtung aller Umstände des Einzelfalls anzustellen. Hat der Anfechtende nachvollziehbare und billigenswerte Gründe für eine späte Anfechtung, so liegt kein schuldhaftes Zögern vor.

Fehler Nr. 11*

(§ 123 BGB)

»Die Erklärung des K ist jedoch nicht nach § 123 Abs. 1 BGB anfechtbar, da nicht der Gebrauchtwagenhändler V, sondern sein Angestellter D die Täuschung verübt hat und V hiervon nichts wusste (vgl. § 123 Abs. 2 BGB).«

Die Regelung des § 123 Abs. 2 BGB schränkt die Anfechtbarkeit von täuschungsbedingt abgegebenen Willenserklärungen in den Fällen ein, in denen ein Dritter die Täuschung verübt hat. Dritter im Sinne dieser Vorschrift ist aber nicht jeder, der nicht selbst Vertragspartei ist. Dritter ist vielmehr nur, wer an dem konkreten Rechtsgeschäft in keiner Weise beteiligt ist. Insbesondere kommt als Dritter nur in Betracht, wer nicht »im Lager« des Erklärungsempfängers steht. Dritter ist somit niemals der Vertreter, Verhandlungsgehilfe, Strohmann etc. des Erklärungsempfängers. Ob eine Person »Dritter« ist, kann nicht berufsspezifisch festgelegt werden, sondern hängt vom Einzelfall ab. Z. B. kann ein Makler »Dritter« sein, wenn er den Interessen beider Vertragsparteien gleichermaßen dient. Soweit er aber Aufgaben wahrnimmt, die typischerweise einer bestimmten Vertragspartei obliegen, so kommt er insoweit als »Dritter« in Betracht.[3] Regelmäßig kommt beim Vertrag zugunsten Dritter der Dritte auch als Dritter im Sinne des § 123 Abs. 2 BGB in Betracht.[4]

Fehler Nr. 12*

(§ 123 BGB)

»Die Erklärung des K ist jedoch nicht nach § 123 Abs. 1 BGB anfechtbar, da nicht der Gebrauchtwagenhändler V, sondern sein Angestellter D die Drohung verübt hat und V hiervon nichts wusste (vgl. § 123 Abs. 2 BGB).«

Das ist schon deshalb falsch, weil die Einschränkung der Anfechtbarkeit nach § 123 Abs. 2 BGB nach dessen ausdrücklichem Wortlaut gerade nicht die Fälle der widerrechtlichen Drohung erfasst. Eine Analogie für solche Fälle scheitert schon am Vorliegen einer

3 Palandt/Ellenberger, BGB, § 123 Rn. 14.

4 BGH NJW-RR 2006, 1210, 1212.

planwidrigen Regelungslücke. Im Falle einer widerrechtlichen Drohung ist der Erklärungsempfänger nach der gesetzgeberischen Abwägung gegenüber dem Bedrohten auch dann nicht schutzwürdig, wenn ein Dritter die Drohung verübt hat, ohne dass dies dem redlichen Erklärungsempfänger zugerechnet werden könnte.

Fehler Nr. 13**

(§ 125 BGB)

»Der Formmangel wurde jedoch durch Treu und Glauben nach § 242 BGB geheilt.«

Ein Formmangel kann nach ausdrücklichen gesetzlichen Sondervorschriften (§§ 311b Abs. 1 S. 2, 494 Abs. 2, 507 Abs. 2 S. 2, 518, 766, 2301 BGB, § 15 Abs. 4 GmbHG, 1027 Abs. 1 ZPO) durch Erfüllung geheilt werden.

Eine Heilung des Formmangels über § 242 BGB ist nicht möglich. Möglich ist aber eine Überwindung der Formnichtigkeit nach Treu und Glauben gemäß § 242 BGB. Eine solche Überwindung kommt nur subsidiär in Frage. D. h., zunächst muss ein Formmangel vorliegen, der nicht durch eine ausdrückliche gesetzliche Regelung geheilt werden kann. Erst wenn feststeht, dass eine Heilung nicht erfolgen kann, ist das Geschäft formnichtig. Diese Formnichtigkeit kann dann nach § 242 BGB überwunden werden, wenn es unter Berücksichtigung der Beziehungen der Parteien und den gesamten Umständen des Einzelfalls mit Treu und Glauben unvereinbar wäre, das Rechtsgeschäft am Formmangel scheitern zu lassen. Das Scheitern am Formmangel müsste für mindestens eine Vertragspartei nicht bloß hart, sondern schlechthin untragbar sein.[5] Ein solcher Fall kommt insbesondere infrage, wenn eine Partei die andere bewusst von der Einhaltung der Formvorschriften abgehalten hat und sich sodann zu ihren Gunsten auf den Formmangel und die sich daraus ergebende Nichtigkeit beruft (Rechtsmissbrauch). Auch in Fällen der Existenzbedrohung einer Partei kommt eine Überwindung der Formnichtigkeit in Frage.[6]

Wichtig ist, dass man in einer Klausur oder Hausarbeit nicht voreilig eine Überwindung der Formnichtigkeit annimmt. Formvorschriften dürfen im Interesse der Rechtssicherheit nicht in jedem Billigkeitsfall außer Betracht gelassen werden. Bei der Annahme einer Überwindung durch Treu und Glauben ist deshalb Zurückhaltung geboten.[7]

Fehler Nr. 14**
(§ 126 BGB)

»A hat die Kündigung per Fax abgeschickt und damit die Schriftform des § 126 Abs. 1 BGB gewahrt.«

Ein Fax erfüllt niemals die Schriftform des § 126 Abs. 1 BGB. Die Schriftform ist nach § 126 Abs. 1 BGB gewahrt, wenn eine unterschriebene Urkunde vorliegt. Wenn A eine Urkunde unterschreibt und an B faxt, kommt bei B nicht die unterschriebene Urkunde, sondern lediglich eine Kopie derselben an. Eine Kopie einer unterschriebenen Urkunde ist aber eben

5 BGHZ 29, 6/10; 48, 396/398; 138, 339/348.

6 Palandt/Ellenberger, BGB, § 125 Rn. 22 m. w. N.

7 BGHZ 45, 179; 92, 164/172.

keine unterschriebene Urkunde. Weil es schon am Merkmal der Urkundlichkeit fehlt, kann auch eine E-Mail oder SMS etc. dem Schriftformerfordernis nicht genügen. Druckt man eine derartige digital erzeugte Erklärung aus, so mag zwar eine Urkunde gegeben sein. Es fehlt dann aber wiederum an der Unterschrift. Es liegt in solchen Fällen dann Textform nach § 126b BGB vor.

Fehler Nr. 15*

(§ 126a BGB)

»Indem A dem B die Kündigung per E-Mail erklärt hat, hat er die elektronische Form nach § 126a BGB gewahrt.«

Das ist nur dann richtig, wenn die E-Mail gemäß § 126a Abs. 1 BGB mit einer qualifizierten elektronischen Signatur nach dem Signaturgesetz versehen ist. Nicht jede elektronisch erzeugte und übermittelte Erklärung ist eine Erklärung in elektronischer Form. Ohne die in § 126a Abs. 1 BGB geforderte qualifizierte elektronische Signatur handelt es sich nicht um die elektronische Form, sondern lediglich um Textform gemäß § 126b BGB.

Fehler Nr. 16*

(§ 130 BGB)

»Die Rücktrittserklärung ist gemäß § 130 Abs. 1 BGB zugegangen, indem A dem B in dessen Laden gesagt hat, er wolle mit dem Vertrag nichts mehr zu tun haben.«

Das Wirksamwerden einer Willenserklärung richtet sich nur dann nach § 130 Abs. 1 BGB, wenn es um eine Erklärung unter

Abwesenden geht. Für Erklärungen unter Anwesenden enthält das Gesetz keine Regelung.

Nach dem Telos des § 130 Abs. 1 BGB kommt es für die Erklärungen unter Anwesenden darauf an, ob es sich um eine verkörperte oder unverkörperte Willenserklärung handelt.[8] Eine verkörperte Willenserklärung (z. B. Kündigungsschreiben) wird analog § 130 Abs. 1 BGB wirksam, wenn sie dem Empfänger zugeht. Eine unverkörperte Willenserklärung (gesprochenes Wort) wird wirksam, wenn sie der Empfänger wahrnimmt.[9]

Bei der Unterscheidung zwischen einer Erklärung unter Anwesenden und unter Abwesenden ist eine telefonische Erklärung als Erklärung unter Anwesenden anzusehen. Gleiches gilt bei einer Erklärung gegenüber einem Stellvertreter, unabhängig davon, ob der Vertreter tatsächlich bevollmächtigt wurde oder nicht. Dagegen handelt es sich bei der Erklärung zur Übermittlung durch einen Boten um eine Erklärung unter Abwesenden.[10]

Fehler Nr. 17**

(§ 130 BGB)

»Die Kündigung ist dem A gemäß § 130 Abs. 1 BGB zugestellt und damit wirksam geworden.«

Der Zugang darf nicht mit der Zustellung einer Willenserklärung verwechselt werden. Der Zugang ist in § 130 BGB geregelt. Die Zustellung regeln die Vorschriften in §§ 166 ff. ZPO. Wenn eine sol-

8 Palandt/Ellenberger, BGB, § 130 Rn. 13.

9 BGH WM 1989, 652, BAG ZIP 1982, 1467.

10 Palandt/Ellenberger, BGB, § 130 Rn. 14.

che erfolgt ist, ist die Willenserklärung auch dann wirksam, wenn die Voraussetzungen des Zugangs gemäß § 130 Abs. 1 BGB nicht erfüllt sind. Z. B. ist eine Kündigung gemäß § 132 Abs. 1 BGB auch dann wirksam, wenn sie nach den Vorschriften der ZPO durch Niederlegung bei der Post zugestellt wurde.[11] In diesem Fall liegt kein Zugang vor, da sich die Erklärung gerade nicht im Machtbereich des Empfängers befindet. Dass dem Empfänger ein Benachrichtigungs- und Abholschein vorliegt, ändert daran nichts.

Fehler Nr. 18**

(§ 130 BGB)

»Der Anspruch aus § 433 Abs. 2 BGB könnte jedoch durch Widerruf nach § 130 Abs. 1 S. 2 BGB erloschen sein.«

Dieser Fehler findet sich häufig und er wiegt schwer. Der Widerruf nach § 130 Abs. 1 S. 2 BGB darf in seinen Wirkungen nicht mit dem Widerruf nach § 355 BGB verwechselt werden. Nach der Regelung des § 130 Abs. 1 S. 2 BGB wird eine zugegangene Willenserklärung nicht wirksam, wenn dem Empfänger vorher oder gleichzeitig ein Widerruf zugeht. Geht es um einen vertraglichen Anspruch, so führt der Widerruf dazu, dass schon gar kein Vertrag vorliegt, weil ja gerade eine der beiden konstitutiven Willenserklärungen (Angebot und Annahme) nicht wirksam ist. Dann ist der Anspruch nicht etwa erloschen, sondern erst gar nicht entstanden. Der Widerruf nach § 130 Abs. 1 S. 2 BGB ist also zwingend beim Vertragsschluss zu prüfen.

11 Palandt/Ellenberger, BGB, § 132 Rn. 1.

Anders ist dies beim Widerruf nach § 355 BGB. Nach § 355 Abs. 1 S. 1 BGB ist der Verbraucher an seine Willenserklärung nicht mehr gebunden, wenn er sie fristgerecht widerrufen hat. Demnach ist der Anspruch dann durch Widerruf erloschen. Es handelt sich um eine rechtsvernichtende Einwendung.

Fehler Nr. 19*

(§ 130 BGB)

»Die Erklärung ist durch Zugang bei A (minderjährig) nach § 130 Abs. 1 BGB wirksam geworden.«

Bei nicht voll geschäftsfähigen Personen sind beim Zugang die Regelungen des § 131 BGB zu beachten. Demnach kommt es für das Wirksamwerden der Erklärung auf den Zugang beim gesetzlichen Vertreter an (Ausnahme: § 131 Abs. 2 S. 2 BGB). Der in Klausuren häufigste Mangel im Zusammenhang mit der Regelung des § 131 BGB besteht darin, diese zu übersehen.

Fehler Nr. 20**

»Nach § 151 S. 1 BGB ist eine Annahme hier jedoch nicht erforderlich.«

Die Regelung des § 151 S. 1 BGB erklärt nicht die Annahme als solche für entbehrlich, sondern nur deren Zugang beim anderen Teil.[12] Eine Annahme muss in irgendeiner Weise (konkludent) aber sehr wohl erklärt werden. Es handelt sich dann unter den

12 Palandt/Ellenberger, § 151 Rn. 1.

Voraussetzungen des § 151 S. 1 BGB um eine nicht empfangsbedürftige Willenserklärung.

Die gemäß § 151 S. 1 BGB nicht empfangsbedürftige Annahme kann nicht analog § 130 Abs. 1 S. 2 BGB rückgängig gemacht werden. D. h., wenn im Klausursachverhalt eine Person eine Annahme erklärt, deren Zugang beim anderen Teil nach § 151 S. 1 BGB nicht erforderlich ist, kommt ein Vertrag selbst dann (unwiderruflich) zustande, wenn diese Person nach Betätigung ihres Annahmewillens gegenüber dem anderen Teil ausdrücklich erklärt, den Vertrag nicht zu wollen.

Fehler Nr. 21***

(§ 133, 157 BGB)

»Das Testament ist nach §§ 133, 157 BGB so auszulegen, dass A Erbe sein soll.«

Die Testamentsauslegung darf niemals nach §§ 133, 157 BGB erfolgen, denn der Regelung des § 157 BGB liegt der Gedanke des Vertrauensschutzes im Rechtsverkehr zugrunde. Bei Testamenten kommt es jedoch nicht auf den Vertrauensschutz im Rechtsverkehr, sondern einzig und allein auf den Willen des Testierenden an.[13] Die Auslegung eines Testaments darf daher nur nach § 133 BGB und den erbrechtlichen Sondervorschriften erfolgen.

13 Palandt/Ellenberger, BGB, § 133 Rn. 13.

Fehler Nr. 22**

(§ 164 BGB)

»Die Verletzungshandlung des G könnte der A-GbR zuzurechnen sein, wenn G Stellvertreter nach § 164 BGB ist.«

Ob eine Verletzungshandlung einer Person zurechenbar ist, hängt niemals davon ab, ob diese Person Stellvertreter ist oder nicht. Die Stellvertretung bewirkt nach § 164 Abs. 1 BGB lediglich die Zurechnung von rechtsgeschäftlichen Erklärungen. Verletzungshandlungen sind nur unter den Voraussetzungen der §§ 278, 31, 89 BGB zurechenbar.

Fehler Nr. 23*

(§ 164 BGB)

»Die Annahmeerklärung des A ist nicht wirksam geworden, weil A sie zwar dem Vertreter des G gegenüber geäußert, dieser sie aber nicht an den G weitergeleitet hat.«

Hier wird offenbar die Regelung des § 164 Abs. 3 BGB übersehen und der Unterschied zwischen Vertreter und Boten verkannt. Im Falle der Stellvertretung wird die Willenserklärung mit dem Zugang bzw. Vernehmen beim Vertreter wirksam. Einer Weiterleitung durch diesen an den »Geschäftsherren« bedarf es gerade nicht. Anders ist dies beim Boten, unabhängig davon, ob es sich um einen Erklärungs- oder einen Empfangsboten handelt. Diese Unterscheidung spielt einzig und allein für die Frage eine Rolle, wer das Risiko der nicht bzw. nicht richtig überbrachten Erklärung trägt.

Fehler Nr. 24*

(§ 172 BGB)

»Die Vertretungsbefugnis des V ergibt sich daraus, dass der G ihm gemäß § 172 Abs. 1 BGB eine Vollmachtsurkunde ausgehändigt und V diese dem A gefaxt hat.«

Die Regelung des § 172 Abs. 1 BGB erfordert, dass die Vollmachtsurkunde dem Vertreter ausgehändigt und dem Dritten vorgelegt wird. Es genügt nicht, wenn dem Dritten lediglich eine Kopie der Vollmachtsurkunde ausgehändigt wird.[14] Beim Faxen kommt aber beim Empfänger gerade nicht das Originaldokument, sondern lediglich eine Kopie an.

Fehler Nr. 25*

(§ 174 BGB)

»A könnte die Kündigung der G-OHG aber gemäß § 174 S. 1 BGB rechtzeitig zurückgewiesen haben, da der Gesellschafter G keine Vollmacht vorgelegt hat.«

Die Regelung des § 174 S. 1 BGB gilt nur für Erklärungen bei rechtsgeschäftlich verliehener Vertretungsmacht (Vollmacht). In Fällen gesetzlicher oder – wie hier – organschaftlicher Vertretungsmacht kommt eine Zurückweisung nach § 174 S. 1 BGB nicht infrage.[15]

---

14 Palandt/Ellenberger, BGB, § 172 Rn. 3.

15 Palandt/Ellenberger, BGB, § 174 Rn. 4.

Fehler Nr. 26***

(§ 185 BGB)

»E könnte den Verkauf des Wagens durch B aber nach § 185 Abs. 2 S. 1 BGB genehmigen.«

Die Genehmigung eines Kaufvertrages kann diesen niemals nach § 185 Abs. 2 S. 1 BGB wirksam werden lassen. Denn § 185 BGB regelt lediglich die Konvaleszenz von Verfügungen eines Nichtberechtigten.[16] Ein Kaufvertrag ist aber keine Verfügung, sondern ein Verpflichtungsgeschäft. Verfügung ist ein Rechtsgeschäft, das unmittelbar darauf gerichtet ist, auf ein bestehendes Recht einzuwirken, insbesondere es zu verändern, zu übertragen oder aufzuheben.[17] Das Verpflichtungsgeschäft soll zum Entstehen eines Rechts, insbesondere einer Verpflichtung, führen. Die Genehmigung eines Kaufvertrages kann daher allenfalls nach § 177 Abs. 1 BGB erfolgen.

Fehler Nr. 27*

(§ 187 BGB)

»Die Frist beginnt daher gemäß § 187 Abs. 1 BGB am 03.04. um 00.00 Uhr und endet gemäß § 188 Abs. 2 am 03.05. um 00.00 Uhr.«

Hier wäre die Frist zu Unrecht um 24 Stunden verkürzt. Fristen beginnen um 00.00 Uhr und enden um 24.00 Uhr.

---

16 Palandt/Ellenberger, BGB, § 185 Rn. 1.

17 BGHZ 1, 304; 75, 226.

Fehler Nr. 28**

(§ 193 BGB)

»Die Frist endet demnach am 03.10. um 24.00 Uhr.«

In Deutschland endet keine rechtlich relevante Frist zu diesem Zeitpunkt, denn es handelt sich um einen bundesweiten gesetzlichen Feiertag, sodass das Fristende nach § 193 BGB auf den nächsten Werktag (spätestens 06.10. um 24.00 Uhr) verschoben wird. Die Regelung des § 193 BGB darf bei der Klausurbearbeitung niemals vergessen werden. Kalenderdaten im Klausursachverhalt sind daher mit dementsprechender Sensibilität zu handhaben.

Fehler Nr. 29*

(§ 193 BGB)

»Die Frist würde an sich am 03.10. beginnen. Wegen § 193 BGB verschiebt sich der Fristbeginn aber auf den nächsten Werktag.«

Nach dem ausdrücklichen Wortlaut des § 193 BGB gilt die Vorschrift nur für das Fristende. Der Fristbeginn kann durchaus auch auf einen Samstag, Sonntag oder gesetzlichen Feiertag fallen.

Fehler Nr. 30***

(§ 194 BGB)

»Der Anspruch könnte aber wegen Verjährung gemäß § 194 Abs. 1 BGB erloschen sein.«

Im Steuerrecht ist die Verjährung nach § 47 AO tatsächlich ein Erlöschensgrund. Im Zivilrecht bewirkt die Verjährung aber nach

§ 214 Abs. 1 BGB lediglich, dass der Schuldner die Leistung verweigern kann (Einrede). Der Bestand des Anspruchs bleibt unberührt. Auch ein nach § 194 Abs. 1 BGB verjährter Anspruch kann daher – anders als ein erloschener Anspruch – erfüllt werden.

Fehler Nr. 31*

(§ 194 BGB)

»Der Anspruch könnte aber nach § 194 Abs. 1 BGB wegen Verjährung nicht durchsetzbar sein.«

Die Rechtsfolge der Verjährung – fehlende Durchsetzbarkeit des Anspruchs – ergibt sich nicht aus § 194 Abs. 1 BGB, sondern aus § 214 Abs. 1 BGB.

Fehler Nr. 32*

(§ 194 BGB)

»Der Rücktritt könnte aber nach § 194 Abs. 1 BGB verjährt sein.«

Nach der Regelung des § 194 Abs. 1 BGB unterliegen Ansprüche der Verjährung. Der Rücktritt ist zwar – genauso wie der Anspruch – ein subjektives Recht, es handelt sich aber um ein Gestaltungsrecht, also die Befugnis, die Rechtslage durch einseitige Erklärung umzugestalten. Ein solches Recht unterliegt nicht nach § 194 Abs. 1 BGB der Verjährung. Vielmehr gibt es für den Rücktritt Sonderregelungen in § 218 BGB, nach denen der Rücktritt unwirksam sein kann.

Vom Rücktritt als solchem zu unterscheiden sind die Ansprüche, die infolge des Rücktritts entstehen. Nach § 346 BGB führt der Rücktritt zum Entstehen eines Rückabwicklungsschuldverhältnisses, also insbesondere zu Rückgewähransprüchen. Diese unterliegen wiederum nach § 194 Abs. 1 BGB der Verjährung.

Fehler Nr. 33**

(§ 241 BGB)

»A könnte gegen B einen Anspruch auf Zahlung aus § 241 Abs. 1 BGB haben.«

Die Vorschrift des § 241 Abs. 1 BGB enthält keine Anspruchsgrundlage, sondern eine Blankettnorm.[18] Ihre Bedeutung liegt eher im rechtstheoretischen Bereich. In der Fallbearbeitung wird ihr daher kaum je Bedeutung zukommen.

Fehler Nr. 34*

(§ 242 BGB)

»A könnte aber einen Anspruch auf Rückgabe des Buches aus § 242 BGB haben.«

Die Generalklausel des § 242 BGB enthält keine Anspruchsgrundlage. Sie kann im Gegenteil als Einwendung (unzulässige Rechtsausübung) fungieren und einem Anspruch entgegengehalten werden. Klausurrelevant sind vor allem die Verwirkung und der Dolo-agit-Einwand. Zu prüfen sind sämtliche Fallgruppen der unzulässigen Rechtsausübung unter dem Prüfungspunkt »Anspruch erloschen«.

18 Palandt/Grüneberg, BGB, § 241 Rn. 7.

Fehler Nr. 35*

(§ 243 BGB)

»A könnte gegen B einen Anspruch auf Lieferung des Pkw aus § 433 Abs. 1 BGB haben. Ein wirksamer Kaufvertrag über den Pkw liegt vor. Fraglich ist nur, ob es sich um eine Stück- oder eine Gattungsschuld gemäß § 243 Abs. 1 BGB handelt.«

Die aufgeworfene Frage ist an dieser Stelle irrelevant. Die Frage, ob es sich um eine Stück- oder um eine Gattungsschuld handelt, ist in Klausuren in der Regel bei der Prüfung des § 275 BGB zu klären. Wenn es sich um eine Stückschuld handelt und das geschuldete »Stück« untergegangen ist, ist die Leistung unmöglich und der Anspruch damit nach § 275 Abs. 1 BGB erloschen. Wenn es sich dagegen um eine Gattungsschuld handelt, führt der Untergang eines »Stücks« noch nicht ohne Weiteres zum Leistungsausschluss gemäß § 275 Abs. 1 BGB. Anders ist dies nur, wenn nach § 243 Abs. 2 BGB Konkretisierung eingetreten ist und sich die Leistungspflicht damit auf das konkrete »Stück« beschränkt.

Fehler Nr. 36*

(§ 252 BGB)

»Der Inhalt der Schadensersatzpflicht wegen entgangenen Gewinns bestimmt sich nach § 252 S. 1 BGB.«

Die Vorschrift des § 252 S. 1 BGB enthält lediglich eine Klarstellung.[19] Dass der Schaden im entgangenen Gewinn besteht, folgt

19 Palandt/Grüneberg, BGB, § 252 Rn. 1.

schon aus der Differenzhypothese des § 249 Abs. 1 BGB. Daher ist § 252 S. 1 BGB immer zusammen mit § 249 Abs. 1 BGB zu zitieren.

Fehler Nr. 37*

(§ 269 BGB)

»A könnte gegen B einen Anspruch auf Lieferung des Pkw aus § 433 Abs. 1 BGB haben. Ein wirksamer Kaufvertrag über den Pkw liegt vor. Fraglich ist nur, ob es sich um eine Bring- oder eine Holschuld handelt.«

Auch auf diese Frage kann es an dieser Stelle nicht ankommen. Ob es sich um eine Bring-, Hol- oder Schickschuld handelt, spielt in Klausuren insbesondere für die Frage eine Rolle, ob Konkretisierung nach § 243 Abs. 2 BGB eingetreten ist. Um zu wissen, ob der Schuldner das zur Leistung seinerseits Erforderliche getan hat, muss zunächst festgestellt werden, ob er die Leistung lediglich abholen lassen oder vielmehr zum Gläubiger bringen bzw. schicken muss.

Fehler Nr. 38*

(§ 273 BGB)

»A kann die Zahlung nach § 273 Abs. 1 BGB verweigern. B hat demnach gegen A keinen Anspruch auf Zahlung.«

Wenn der Schuldner ein Zurückbehaltungsrecht nach § 273 Abs. 1 BGB ausübt, so führt dies nicht dazu, dass seinem Gläubiger der Anspruch zu versagen ist. Vielmehr bleibt der Anspruch bestehen, ist aber nach § 274 Abs. 1 BGB lediglich Zug um Zug zu erfüllen.

Fehler Nr. 39*

(§ 275 BGB)

»Der Anspruch könnte aber gemäß § 275 Abs. 1 BGB unmöglich sein.«

Die Regelung des § 275 Abs. 1 BGB besagt, dass ein Anspruch ausgeschlossen ist, wenn die Leistung unmöglich ist. Die Vorschrift enthält gerade keine Regelung der Unmöglichkeit, sondern deren Rechtsfolge. Außerdem bezieht sich die Unmöglichkeit niemals auf den Anspruch, sondern auf die geschuldete Leistung. Allein diese kann unmöglich sein.

Fehler Nr. 40**

(§ 275 BGB)

»Die Leistung ist unmöglich im Sinne von § 275 Abs. 1 BGB. Fraglich ist, ob A dies zu vertreten hat.«

Das mag fraglich sein, ist aber an dieser Stelle völlig unerheblich und zeugt von fehlendem Grundverständnis des § 275 BGB. Der darin geregelte Anspruchsausschluss setzt gerade nicht voraus, dass der Schuldner die Unmöglichkeit zu vertreten hat. Der Anspruch ist wegen Unmöglichkeit auch dann ausgeschlossen, wenn der Schuldner die Unmöglichkeit der Leistung nicht zu vertreten hat. Auf das Vertretenmüssen kommt es nur bei der Prüfung der sich aus der Unmöglichkeit nach § 275 Abs. 4 BGB ergebenden Folgeansprüche auf Schadensersatz (§§ 280 Abs. 1, Abs. 3, 283 oder § 311a Abs. 2 BGB) an.

Fehler Nr. 41**

(§ 275 BGB)

»Der Vertrag könnte jedoch nach § 275 Abs. 1 BGB unwirksam sein. Denn die Lieferung des Pkw ist unmöglich.«

Dieser Fehler unterläuft leider nicht nur Juristen, die noch unter dem alten Schuldrecht vor 2002 ausgebildet wurden. Heute führt die Unmöglichkeit der Leistung nach der ausdrücklichen Regelung des § 311a Abs. 1 BGB nicht mehr zur Unwirksamkeit des zugrunde liegenden Vertrages. Die Unmöglichkeit der Leistung ist daher nur für das Erlöschen des Anspruchs relevant.

Fehler Nr. 42***

(§ 275 BGB)

»Der Anspruch auf die Kaufpreiszahlung könnte jedoch nach § 275 Abs. 1 BGB erloschen sein.«

Ein unter Korrektoren nahezu unverzeihlicher Fehler! Im deutschen Zivilrecht gilt der unter anderem aus dem Insolvenzrecht abgeleitete Grundsatz »Geld hat man zu haben«. Daraus folgt logisch der Grundsatz »Geld kann man haben«. Wenn man Geld haben kann, kann die Leistung von Geld aber nicht unmöglich sein. Deshalb kann ein auf eine Geldleistung gerichteter Anspruch niemals nach § 275 BGB ausgeschlossen sein.

Eine scheinbare Ausnahme gilt dann, wenn nicht die Zahlung von Geld im Allgemeinen geschuldet ist, sondern bspw. die Leistung von bestimmten seltenen Geldmünzen. Tatsächlich handelt es sich dann aber nicht mehr um eine Geldschuld, sondern um eine Sachschuld.

Eine echte Ausnahme gilt dann, wenn es sich um die Herausgabe von Bargeld gemäß § 985, § 667, § 696, § 285, § 812 BGB handelt.[20] In diesen Fällen geht es nicht um die Zahlung von Geld, sondern um die Herausgabe von Geld. Der Unterschied besteht darin, dass es bei der Herausgabe von Geld um Geld einer genau bestimmten Herkunft (z. B. das dem Gläubiger weggenommene Geld) geht, während es bei der Zahlung von Geld nicht auf dessen Herkunft ankommt. Ein Geldherausgabeanspruch kann daher – anders als der Geldzahlungsanspruch – wegen Unmöglichkeit der Leistung nach § 275 BGB erlöschen.

Eine weitere Ausnahme gilt dann, wenn sich die Leistungspflicht des Schuldners wegen Gläubigerverzugs nach § 300 Abs. 2 BGB auf den erfolglos angebotenen Geldbetrag beschränkt.[21]

Ansonsten folgt das Schicksal des Zahlungsanspruchs im Falle der Unmöglichkeit der Leistung aus § 326 Abs. 1 BGB. Bei der Prüfung eines Zahlungsanspruchs muss daher unter »Anspruch erloschen« geprüft werden, ob der Zahlungsanspruch nach § 326 Abs. 1 BGB untergegangen ist. Dabei muss inzident geklärt werden, ob der Anspruch auf die Sach-/Dienst-/Werk- oder sonstige Leistung gemäß § 275 BGB wegen Unmöglichkeit ausgeschlossen ist.

Fehler Nr. 43*

(§ 275 BGB)

»Der Anspruch könnte jedoch nach § 275 Abs. 2 BGB nicht durchsetzbar sein.«

Zwar regelt § 275 Abs. 2 BGB – genauso wie § 275 Abs. 3 BGB – eine Einrede. Diese führt aber nicht lediglich dazu, dass der

20 Palandt/Grüneberg, BGB, § 275 Rn. 3.

21 Palandt/Grüneberg, BGB, § 275 Rn. 3.

Anspruch nicht mehr durchsetzbar ist. Vielmehr berührt sie den Bestand des Anspruchs als solchen. Wird erfolgreich die Einrede nach § 275 Abs. 2 oder § 275 Abs. 3 BGB erhoben, so erlischt der Anspruch. Ausnahmsweise muss also unter dem Prüfungspunkt »Anspruch erloschen« keine Einwendung, sondern eine (rechtsvernichtende) Einrede geprüft werden.

Fehler Nr. 44**

(§ 275 BGB)

»Der Anspruch ist nach § 275 Abs. 2 BGB ausgeschlossen, weil der vereinbarte Kaufpreis für die Ware 1.000 Euro beträgt, der A diese aber nun infolge einer Preissteigerung für 10.000 Euro beschaffen muss.«

Dieser Fehler taucht in Klausuren, in denen § 275 Abs. 2 BGB anzuwenden ist, massenhaft auf. Nach § 275 Abs. 2 BGB ist der Anspruch ausgeschlossen, wenn die Leistung einen Aufwand erfordert, der in einem groben Missverhältnis zum Leistungsinteresse des Gläubigers steht. Zu beachten ist, dass es nicht auf ein etwaiges grobes Missverhältnis zwischen dem Aufwand des Schuldners und seinem eigenen Leistungsinteresse ankommt. Die Vorschrift stellt auf das Verhältnis von Aufwand und Leistungsinteresse, nicht aber auf das Verhältnis von Aufwand und Gegenleistungsinteresse ab.

In oben genanntem Beispiel beläuft sich der Aufwand des Schuldners auf 10.000 Euro. Da der Gläubiger Ware im Wert von 10.000 Euro erhalten soll, beläuft sich sein Leistungsinteresse ebenfalls auf 10.000 Euro. Der Aufwand des Schuldners und das Leistungsinteresse des Gläubigers stehen also nicht in einem groben Missverhältnis zueinander, sondern entsprechen einander ganz genau. Auf die Tatsache, dass der A für die Ware im Wert von 10.000 Euro (Aufwand) nach dem Kaufvertrag lediglich 1.000 Euro erhalten soll (Gegenleistungsinteresse), kommt es für § 275 Abs. 2 BGB nicht an. Fälle, in denen es aufgrund von Marktschwankungen zu derartigen Unbilligkeiten kommt, bezeichnet man als Äquivalenzstörungen. Leistung und Gegenleistung entsprechen einander nicht mehr. Sie sind nicht über § 275 Abs. 2 BGB, sondern über § 313 BGB (Wegfall der Geschäftsgrundlage) zu lösen.

Fehler Nr. 45***

(§ 278 BGB)

»Der A könnte gegen den B einen Anspruch auf Schadensersatz aus § 278 S. 1 BGB haben.«

§ 278 S. 1 BGB enthält keine Anspruchsgrundlage. Es handelt sich vielmehr nur um eine Zurechnungsvorschrift.

Die Regelung des § 278 S. 1 BGB dient dazu, dass innerhalb bestehender Schuldverhältnisse das Verschulden der Hilfspersonen des Schuldners diesem als eigenes Verschulden zugerechnet werden kann. Diese Zurechnung beruht auf dem Gedanken, dass der Schuldner für seinen Geschäfts- und Gefahrenkreis verantwortlich ist. Zu diesem Kreis gehören auch die von ihm eingesetzten Hilfspersonen.[22] Wer den Vorteil der Arbeitsteilung in Anspruch

22 BGHZ 62, 124, NJW 1996, 465.

nimmt, soll auch deren Nachteile tragen, d. h. insbesondere auch das Risiko, dass der an seiner Stelle handelnde Gehilfe schuldhaft rechtlich geschützte Interessen des Gläubigers verletzt.[23]

Richtigerweise ist bspw. beim Anspruch aus § 280 Abs. 1 BGB die Zurechnungsvorschrift des § 278 BGB im Rahmen des Vertretenmüssens – manchmal auch bei der Pflichtverletzung – zu prüfen.

Fehler Nr. 46**

(§ 278 BGB)

»A selbst hat gegenüber B keine Pflicht gemäß § 280 Abs. 1 BGB verletzt. Es könnte ihm aber die Pflichtverletzung des E nach § 278 BGB zugerechnet werden. Dazu müsste E Erfüllungsgehilfe des A sein.«

Hier liegen gleich zwei gravierende Mängel vor.

Zum einen kann nach § 278 S. 1 BGB keine Pflichtverletzung zugerechnet werden. Ausgangspunkt ist der Wortlaut des § 278 S. 1 BGB. Demnach hat der Schuldner ein Verschulden seines gesetzlichen Vertreters und seines Erfüllungsgehilfen in gleichem Umfang zu vertreten wie eigenes Verschulden. Diese Vorschrift enthält also offenbar nur eine Regelung zum Vertretenmüssen im Sinne von § 280 Abs. 1 S. 2 BGB, nicht jedoch auch zur Pflichtverletzung im Sinne von § 280 Abs. 1 S. 1 BGB.

Seinem Wortlaut nach ist § 278 S. 1 BGB daher an sich immer erst beim Vertretenmüssen und nicht bereits bei der Frage der Pflichtverletzung zu prüfen. Es gibt jedoch Fälle, in denen § 278

23 BGHZ 95, 132.

S. 1 BGB bereits bei der Frage zu prüfen ist, ob eine Pflichtverletzung vorliegt.

Der Begriff der Pflichtverletzung kann erfolgs- oder verhaltensbezogen verstanden werden. Geht es entsprechend dem gesetzlichen Regelfall um die Herbeiführung eines Leistungserfolges (z. B. Lieferung und Übereignung der Kaufsache), ist der Begriff der Pflichtverletzung erfolgsbezogen zu verstehen. Demnach liegt eine Pflichtverletzung vor, wenn der geschuldete Leistungserfolg nicht eingetreten ist (z. B. die Kaufsache nicht, nicht rechtzeitig oder nicht mangelfrei geliefert und übereignet wurde).

Geht es dagegen um Verhaltenspflichten, so ist der Begriff der Pflichtverletzung verhaltensbezogen zu verstehen. Insbesondere verpflichtet § 241 Abs. 2 BGB jeden Vertragsteil zur Rücksichtnahme auf die Rechte, Rechtsgüter und Interessen des anderen Teils. Diese allgemeine Rücksichtnahmepflicht umfasst insbesondere auch Schutzpflichten. Demnach ist jeder Vertragsteil dazu verpflichtet, sich bei der Abwicklung des Schuldverhältnisses so zu verhalten, dass Leben, Körper, Eigentum und sonstige Rechtsgüter des anderen Teils nicht verletzt werden.[24] Geht es im konkreten Fall um die Verletzung dieser Verhaltenspflicht, so muss bereits bei der Frage, ob eine Pflichtverletzung vorliegt, auf die Zurechnungsvorschrift des § 278 S. 1 BGB zurückgegriffen werden, denn der Schuldner hat sich in solchen Fällen regelmäßig entsprechend § 241 Abs. 2 BGB schutzpflichtgemäß verhalten, nicht jedoch der Erfüllungsgehilfe.

---

24 Palandt/Grüneberg, BGB, § 241 Rn. 7.

Der Wortlaut des § 278 S. 1 BGB ist daher am besten so zu verstehen, dass mit »Verschulden« nicht im Sinne von § 276 Abs. 1 BGB lediglich Vorsatz und Fahrlässigkeit gemeint ist. Der Begriff des Verschuldens im Sinne von § 278 S. 1 BGB ist vielmehr als »schuldhaftes Verhalten« auszulegen. Es ist dann bei verhaltensbezogenen Pflichten bereits bei der Pflichtverletzung zu prüfen, ob das Verhalten des Erfüllungsgehilfen als Verhalten des Schuldners gedacht eine Pflichtverletzung darstellt.

Ganz entscheidend ist jedoch, dass auch in Fällen verhaltensbezogener Pflichten klar zum Ausdruck gebracht wird, dass es niemals um eigene Pflichten des Erfüllungsgehilfen geht. Dies stellt den zweiten erheblichen Fehler in den oben genannten Obersätzen dar. Dem Erfüllungsgehilfen dürfen keine Pflichten angedichtet werden, die er nicht hat.

Der Erfüllungsgehilfe ist nicht selbst Schuldner im Rahmen des Schuldverhältnisses, um das es in dem oben genannten Fehler geht. Wenn A und B einen Kaufvertrag schließen, sind nur diese beiden Personen Parteien, d. h. Gläubiger und Schuldner des Kaufvertrages. Ihr Personal kann lediglich als Erfüllungsgehilfen in Betracht kommen. Die Pflichten aus dem Kaufvertrag treffen aber nur Käufer und Verkäufer, nicht auch deren Erfüllungsgehilfen. Wenn diese im Rahmen des Kaufvertrages aber keine Pflichten haben, so können sie solche auch nicht verletzen.

Fehler Nr. 47*

(§ 278 BGB)

»A könnte jedoch das Verschulden seines Bevollmächtigten/ Prokuristen gemäß § 278 S. 1 BGB zugerechnet werden.«

Die Regelung des § 278 S. 1 BGB ermöglicht die Verschuldenszurechnung im Hinblick auf den Erfüllungsgehilfen und im Hinblick auf gesetzliche Vertreter.

Nicht erfasst wird der rechtsgeschäftliche Vertreter. Zwar kann der Erfüllungsgehilfe zugleich rechtsgeschäftlicher Vertreter sein, wenn ihm eine entsprechende Vollmacht (§ 166 Abs. 1 S. 1 BGB) bzw. Prokura (§ 48 Abs. 1 HGB) erteilt wurde. Dann spielt seine Eigenschaft als Bevollmächtigter aber im Rahmen von § 278 S. 1 BGB keine Rolle. Es kommt lediglich auf seine Stellung als Erfüllungsgehilfe an. Dass ihm auch Vollmacht bzw. Prokura erteilt wurde, ist unerheblich und Unerhebliches ist im Gutachten (methodisch) falsch.

Fehler Nr. 48*

(§ 278 BGB)

»A könnte jedoch das Vertretenmüssen des E gemäß § 278 S. 1 BGB zugerechnet werden.«

Das Gesetz muss immer genau gelesen und zitiert werden, damit solche sinnentstellenden Fehler nicht passieren. Nach § 278 S. 1 BGB hat der Schuldner nicht das Vertretenmüssen seines Erfüllungsgehilfen zu vertreten, sondern dessen Verschulden. Nur dieses kann Gegenstand des Vertretenmüssens des Schuldners sein.

Fehler Nr. 49**
(§ 280 BGB)

»Für den Anspruch aus § 280 Abs. 1 BGB müsste zunächst ein Schuldverhältnis vorliegen. A und B haben vereinbart, dass B dem A eine Internetseite erstellt und diese zukünftig wartet. Fraglich ist, ob es sich dabei um einen Werk- oder um einen Dienstvertrag handelt.«

Das ist ein klassischer Fehler in der Schwerpunktsetzung. Es wird eine Frage aufgeworfen und sodann breit diskutiert, auf die es an dieser Stelle überhaupt nicht ankommt. Der Schadensersatzanspruch des § 280 Abs. 1 BGB setzt ein Schuldverhältnis voraus, d. h. - entsprechend der systematischen Stellung der Vorschrift im Allgemeinen Schuldrecht - irgendein Schuldverhältnis und gerade nicht ein ganz bestimmtes. Wenn ein wirksamer Vertrag vorliegt, ist dem Erfordernis eines Schuldverhältnisses Genüge getan. Es bedarf keiner Erörterung darüber, welchem Typus dieser Vertrag angehört.

Der Vertragstypus spielt allenfalls bei der Erörterung der Pflichtverletzung eine Rolle. Um feststellen zu können, ob eine Pflicht verletzt wurde, muss erst das Pflichtenprogramm festgestellt werden. Das Pflichtenprogramm hängt aber maßgeblich davon ab, welcher Vertragstypus im konkreten Fall vorliegt. Beispielsweise erfordert ein Werkvertrag den Eintritt eines bestimmten Erfolgs, wohingegen beim Dienstvertrag lediglich eine Tätigkeit geschuldet ist. Der fehlende Erfolgseintritt kann also beim Dienstvertrag keine Pflichtverletzung begründen, beim Werkvertrag schon.

Fehler Nr. 50**

(§ 280 BGB)

»Ein Anspruch des A gegen B auf Schadensersatz gemäß § 280 Abs. 1 BGB kommt nicht infrage, weil zwischen A und B kein Schuldverhältnis besteht, sondern lediglich zwischen B und C.«

Das ist zwar im Prinzip nicht falsch, aber in Klausuren muss man immer den Vertrag mit Schutzwirkung für Dritte bedenken, bevor man einen Anspruch aus § 280 Abs. 1 BGB mit der Begründung ablehnt, dass kein Schuldverhältnis zwischen Anspruchsteller und Schädiger vorliegt. Dieser Fehler kommt vor allem bei Mietrechtsklausuren beim Anspruch aus § 536 Abs. 1 BGB sehr häufig vor, da der Mietvertrag regelmäßig als Vertrag mit Schutzwirkung für Dritte in Betracht kommt. Beispielsweise kann die Ehefrau des Mieters auch dann Schadensersatzansprüche gegen den Vermieter nach § 536 Abs. 1 BGB geltend machen, wenn sie nicht selbst Partei des Mietvertrags ist. Entsprechendes gilt für Mitreisende gegenüber dem Reiseveranstalter bei Schadensersatzansprüchen nach § 651f BGB.

Fehler Nr. 51**

(§ 280 BGB)

»A müsste den Schaden gemäß § 280 Abs. 1 S. 2 BGB zu vertreten haben.«

Dieser Fehler ist durch eine gründliche Lektüre des Gesetzestextes leicht vermeidbar und wiegt daher in der Klausur umso schwerer. Nach § 280 Abs. 1 S. 2 BGB kommt es allein auf das

Vertretenmüssen im Hinblick auf die Pflichtverletzung an. Den Schaden muss der Schuldner nicht zu vertreten haben. Dieser muss lediglich auf die Pflichtverletzung zurückführbar sein, also mit ihr in kausaler Verbindung stehen.

Fehler Nr. 52**

(§ 280 BGB)

»A könnte gegen B einen Schadensersatzanspruch aus §§ 280, 281 BGB haben. Dazu müsste hier ein Fall des Schadensersatzes statt der Leistung vorliegen.«

Hier liegt ein Aufbaufehler vor. Zunächst müssen die Voraussetzungen des § 280 Abs. 1 BGB geprüft werden. Erst nach der Prüfung des Vertretenmüssens erfolgt die Erörterung der Frage, ob zusätzlich noch die Voraussetzungen des § 281 BGB erfüllt sein müssen. Dies ist nach der Regelung des § 280 Abs. 3 BGB nur dann der Fall, wenn es um Schadensersatz statt der Leistung geht. Erst an dieser Stelle ist sodann folglich die Abgrenzung der Schadensarten vorzunehmen.

Fehler Nr. 53**

(§ 282 BGB)

»A könnte gegen den Malermeister M einen Anspruch auf Schadensersatz wegen des beschädigten Teppichs aus §§ 280 Abs. 1, Abs. 3, 282 BGB haben.«

Dieser Obersatz deutet seinem konkreten Inhalt nach (offenbar eine Nebenpflichtverletzung) bereits darauf hin, dass der Bearbeiter das

Verhältnis zwischen dem Anspruch aus §§ 280 Abs. 1, 241 Abs. 2 BGB und dem Anspruch aus §§ 280 Abs. 1, Abs. 3, 282 BGB nicht verstanden hat.

Beide Ansprüche haben gemeinsam, dass der Schuldner Nebenpflichten aus § 241 Abs. 2 BGB verletzt. Sie unterscheiden sich jedoch fundamental hinsichtlich des geschützten Interesses und damit in Bezug auf die Schadensposition.

Nach §§ 280 Abs. 1, 241 Abs. 2 BGB ist das Integritätsinteresse geschützt. Zu ersetzen sind demnach Integritätsschäden, die durch eine Verletzung von Rücksichtnahme- bzw. Schutzpflichten nach § 241 Abs. 2 BGB entstanden sind. Wenn der oben angesprochene Maler keine Folie über den Teppich legt und daher beim Malern Farbe auf den Teppich tropft, liegt ein Integritätsschaden vor. Dieser ist durch die Verletzung der Pflicht des Malers, auf das Eigentum des Auftraggebers Rücksicht zu nehmen, entstanden und daher gemäß §§ 280 Abs. 1, 241 Abs. 2 BGB zu ersetzen.

Nach §§ 280 Abs. 1, Abs. 3, 282 BGB ist demgegenüber das Leistungsinteresse (»Äquivalenzinteresse«) geschützt. Zu ersetzen sind demnach die Schäden, die dadurch entstanden sind, dass der Gläubiger nicht diejenige Leistung erhält, die er nach dem Inhalt des Schuldverhältnisses zu erhalten hat. Kündigt im vorstehend genannten Beispiel der Auftraggeber dem Maler wegen dessen Fehlverhaltens und muss er daraufhin einen anderen Maler beauftragen, der für seine Tätigkeit aber ein höheres Entgelt verlangt, so ist dieser Vermögennachteil nach §§ 280 Abs. 1, Abs. 2, 282 BGB zu ersetzen.

Fehler Nr. 54**

(§ 283 BGB)

»A könnte gegen B einen Anspruch auf Schadensersatz nach §§ 280 Abs. 1, Abs. 3, 281, 283 BGB haben.«

Diese Anspruchsgrundlage existiert nicht. In den Fällen, in denen die Leistung wegen Unmöglichkeit nicht erbracht wird, ist § 283 BGB einschlägig. In allen anderen Fällen ist § 281 BGB heranzuziehen. Beides gleichzeitig kann nicht gegeben sein.

Fehler Nr. 55**

(§ 283 BGB)

»A könnte gegen B einen Anspruch auf Schadensersatz nach §§ 280 Abs. 1, Abs. 2, Abs. 3, 283, 286 BGB haben.«

Auch diese Anspruchsgrundlage kann es nicht geben. Das folgt bereits aus der hier fehlerhaft angenommenen Parallelität von § 280 Abs. 2 und Abs. 3 BGB. Ein und dieselbe Schadensposition kann unmöglich zugleich als Schadensersatz neben der Leistung (§ 280 Abs. 2 BGB) und als Schadensersatz statt der Leistung (§280 Abs. 3 BGB) zu ersetzen sein.

Aber auch § 283 BGB und § 286 BGB schließen einander in Bezug auf ein und denselben Schaden aus. Denn Verzug nach § 286 BGB setzt voraus, dass eine Leistung überhaupt noch geschuldet wird. Wenn eine Leistung aber unmöglich ist – was ja von § 283 BGB vorausgesetzt wird –, ist sie nach § 275 Abs. 1 BGB gerade nicht (mehr) geschuldet. Wenn eine Leistung nicht geschuldet ist, kann man durch die Nichterbringung dieser Leistung aber nicht in Verzug geraten.

Fehler Nr. 56**

(§ 284 BGB)

»A könnte gegen B einen Anspruch auf Schadensersatz nach §§ 280 Abs. 1, Abs. 3, 281, 284 BGB haben.«

Hier kann kein Anspruch auf Schadensersatz gemeint sein, da das Anspruchsziel des § 284 BGB der Ersatz von Aufwendungen ist. Ein Aufwendungsersatzanspruch ist kein Schadensersatzanspruch. Während ein Schadensersatzanspruch auf den Ersatz unfreiwilliger Vermögensopfer gerichtet ist, zielt der Aufwendungsersatzanspruch auf die Kompensation freiwilliger Vermögensopfer.

Fehler Nr. 57*

(§ 286 BGB)

»A könnte gegen B einen Anspruch auf Schadensersatz wegen Verzugs der Leistung aus §§ 280 Abs. 1, Abs. 2, 286 BGB haben.«

Richtig müsste der Obersatz lauten: »A könnte gegen B einen Anspruch auf Schadensersatz wegen Verzögerung der Leistung gemäß §§ 280 Abs. 1, Abs. 2, 286 BGB haben.«

Verzögerung und Verzug sind keine synonymen Begriffe. Die Verzögerung der Leistung im Sinne von § 280 Abs. 2 BGB ist ein Sonderfall der Pflichtverletzung nach § 280 Abs. 1 BGB. Der Verzug hingegen ist die rechtliche Voraussetzung, die gemäß § 280 Abs. 2 BGB zusätzlich erfüllt sein muss, damit der Schuldner wegen pflichtwidriger Verzögerung der Leistung Schadensersatz (»Verzögerungsschaden«) verlangen kann.

Fehler Nr. 58**

(§§ 280, 311, 241 BGB)

»A könnte gegen B einen Anspruch auf Ersatz des entgangenen Gewinns aus c.i.c. gemäß §§ 280, 311 Abs. 2, 241 Abs. 2 BGB haben.«

Der Anspruch aus culpa in contrahendo kann zum Ersatz des negativen Interesses führen, nicht aber zum Ersatz des Erfüllungsinteresses (positives Interesse). Ist das negative Interesse zu ersetzen, so ist der Gläubiger so zu stellen, als hätte es das Schuldverhältnis mit dem Schädiger nie gegeben. Ist das Erfüllungsinteresse zu ersetzen, so ist der Gläubiger so zu stellen, als hätte der Schuldner die geschuldete Primärleistung ordnungsgemäß erbracht, also insbesondere den Vertrag erfüllt.

Wenn A dem B einen Pkw verkauft, den der B an den C mit Gewinn hätte weiterverkaufen können, so ist der dem B entgangene Gewinn im Falle der Nichtleistung durch A als Erfüllungsinteresse zu ersetzen. Sind dem B im Zusammenhang mit dem Lauf des Pkw bei A Kosten entstanden, so können diese im Falle einer Pflichtverletzung als negatives Interesse zu ersetzen sein.

Fehler Nr. 59**

(§ 323 BGB)

»Der Anspruch könnte gemäß § 323 Abs. 1 BGB erloschen sein.«

Ein Anspruch kann durch Rücktritt erlöschen. Gesetzlich geregelt ist dies aber nicht in § 323 BGB, sondern in § 346 Abs. 1 BGB. Demnach führt der Rücktritt zur Entstehung eines Rückgewährschuldverhältnisses, welches an die Stelle des ursprünglichen Schuldverhältnisses tritt. Die Regelung des § 323 Abs. 1 BGB enthält nicht die Rechtsfolge des Rücktritts, sondern einen Rücktrittsgrund, nämlich die nicht oder nicht vertragsgemäß erbrachte Leistung.

Fehler Nr. 60**

(§ 323 BGB)

»A könnte gegen B einen Anspruch auf Rücktritt gemäß § 323 BGB haben.«

Einen solchen Anspruch gibt es nicht. Der Rücktritt ist ein subjektives Recht, kraft dessen dem Berechtigten die Befugnis zusteht, ein bestimmtes Schuldverhältnis durch einseitige Erklärung in ein Rückgewährschuldverhältnis zu wandeln. Für einen Rücktritt bedarf es daher nie der Mitwirkung der Gegenpartei, sodass ein entsprechender Anspruch gegen sie sinnlos wäre. Der Rücktritt wird ausgeübt und ist wirksam, wenn die Rücktrittsvoraussetzungen im jeweiligen Einzelfall gegeben sind.

Fehler Nr. 61**

(§ 323 BGB)

»Da die Leistung wegen Unmöglichkeit nicht erbracht werden kann, könnte A nach § 323 Abs. 1 BGB zurücktreten.«

Im Falle der Unmöglichkeit ergibt sich das Rücktrittsrecht nicht aus § 323 Abs. 1 BGB, sondern aus § 326 Abs. 5 BGB. Das Verhältnis dieser beiden Vorschriften entspricht dem Verhältnis des § 281 BGB zu § 283 BGB. Wird die Leistung nicht erbracht, so ergibt sich der Rücktrittsgrund grundsätzlich aus § 323 Abs. 1 BGB. Nur wenn der Grund für das Ausbleiben der Leistung ihre Unmöglichkeit ist, so ergibt sich der Rücktrittsgrund aus der Sondervorschrift des § 326 Abs. 5 BGB. So wie § 283 BGB kennt auch die Regelung des § 326 Abs. 5 BGB nicht das im Falle der Unmöglichkeit stets sinnlose Erfordernis einer Fristsetzung (§ 326 Abs. 5 HS. 2 BGB).

Fehler Nr. 62*

(§ 362 BGB)

»Der Kaufvertrag könnte aber durch Erfüllung nach § 362 Abs. 1 BGB erloschen sein.«

Auch wenn § 362 Abs. 1 BGB davon spricht, dass das Schuldverhältnis durch Erfüllung erlischt, so meint dies nicht, dass ein ganzer Vertrag durch Erfüllung untergehen kann. Das Schuldverhältnis gemäß § 362 BGB ist nicht das Schuldverhältnis im weiteren Sinne, also die gesamte Rechtsbeziehung zwischen Gläubiger und Schuldner, sondern das Schuldverhältnis im engeren Sinne, also der einzelne schuldrechtliche Anspruch.[25] Die rechtsvernichtende Einwendung der Erfüllung führt daher nur dazu, dass ein Anspruch erlischt.

Fehler Nr. 63**

(§ 362 BGB)

»Der Anspruch könnte aber durch Erfüllung nach § 362 Abs. 1 BGB erloschen sein. Dazu müsste die geschuldete Leistung bewirkt worden sein. Leistung ist bewusste zweckgerichtete Mehrung fremden Vermögens.«

Die hier genannte Definition der Leistung entspricht dem Leistungsbegriff des § 812 BGB. Wegen der Relativität der Rechtsbegriffe kann ein und derselbe Begriff jedoch unterschiedliche Bedeutung haben, je nachdem in welcher Vorschrift er vom Gesetzgeber verwendet wird. Nach dem Sinn und Zweck des § 362 Abs. 1 BGB kommt es – anders als im Bereicherungsrecht – nicht darauf an, ob und inwieweit das Vermögen des Anspruchsgegners gemehrt wurde. Maßgeblich ist vielmehr, ob und inwieweit der Gläubiger vom Schuldner das erhalten hat, was er nach dem zugrunde liegenden Schuldverhältnis erhalten soll. Daher ist unter dem Begriff »Leistung« im Sinne des § 362 Abs. 1 BGB die Herbeiführung des geschuldeten Leistungserfolges durch den Schuldner zu verstehen.[26]

25 Palandt/Grüneberg, BGB, Überbl. v. § 362 Rn. 2.

26 BGH NJW 1983, 1605; 1999, 210; 2009, 1085, 1086.

Fehler Nr. 64**

(§ 387 BGB)

»Der Anspruch könnte infolge der Hilfsaufrechnung nicht durchsetzbar sein.«

Hier liegt ein gravierender Aufbau- und Verständnisfehler vor. Die Hilfsaufrechnung ist eine Aufrechnung im Sinne von § 387 BGB, die jedoch nur dann zum Tragen kommen soll, wenn alle anderen Verteidigungsmittel des Schuldners erfolglos bleiben. Der Schuldner will gerade nicht ohne Weiteres mit einer ihm gegen den Gläubiger zustehenden Gegenforderung aufrechnen, sondern sich zunächst auf andere Weise gegen den Anspruch des Gläubigers verteidigen. Nur wenn »alle Stricke reißen«, will er aufrechnen. Der Sinn dieses Vorgehens besteht darin, dass er so die ihm zustehende Gegenforderung behalten kann, wenn bereits ein anderes Verteidigungsmittel ihn vor dem Anspruch des Gläubigers schützt. Wenn z. B. der V gegen K einen Kaufpreisanspruch hat, der bereits verjährt ist, und K gegen V ein Schadensersatzanspruch zusteht, so wäre es äußerst ungeschickt von K, wenn er gegen den Kaufpreisanspruch des V die Aufrechnung erklären würde. Denn dieses Vorgehen würde nach § 389 BGB dazu führen, dass nicht nur V seinen Kaufpreisanspruch, sondern auch K seinen Schadensersatzanspruch verlöre. Für K wäre dieses Opfer unnötig, da er auch einfach die Einrede der Verjährung hätte erheben und zusätzlich noch seinen Schadensersatzanspruch durchsetzen können. Daher wäre K in so einem Fall zu raten, die Verjährungseinrede zu erheben und die Aufrechnung nur hilfsweise für den Fall zu erheben, dass die Verjährungseinrede nicht durchgreift (etwa weil die

Verjährung wegen etwaiger Hemmungstatbestände nach § 204 BGB tatsächlich noch nicht eingetreten sein sollte). Ein solches - in Klausursachverhalten relativ häufiges - Vorgehen wird als Hilfsaufrechnung bezeichnet. Es stellt den Verfasser eines juristischen Gutachtens vor ein nicht unerhebliches Aufbauproblem. Denn die Aufrechnung führt zum Erlöschen des Anspruchs, ist also als rechtsvernichtende Einwendung unter »Anspruch erloschen« zu prüfen. Erst im Anschluss unter »Anspruch durchsetzbar« erfolgt jedoch die Prüfung rechtshemmender Einreden, also insbesondere auch die Verjährung. Das bedeutet, dass die Prüfungsreihenfolge nicht dem Willen des die Aufrechnung erklärenden Schuldners entspricht. Dieser will im Falle der Hilfsaufrechnung eben erst alle anderen Verteidigungsmittel nutzen und dementsprechend geprüft haben. Würde man dies im Gutachten ignorieren, müsste man unter Umständen die Durchsetzbarkeit eines bereits erloschenen Anspruchs prüfen. Daher gilt im Falle der Hilfsaufrechnung die Besonderheit, dass sie - anders als die unbedingte Aufrechnung - erst nach dem Prüfungspunkt »Anspruch durchsetzbar« als Allerletztes geprüft wird. Dies führt bei manchen Bearbeitern jedoch zu dem Missverständnis, dass die Hilfsaufrechnung - da sie ja nicht bei »Anspruch erloschen« geprüft wird - eine Einrede darstellt. Dies ist jedoch wegen der rechtsvernichtenden Wirkung (§ 389 BGB) grundlegend falsch, zumal die Hilfsaufrechnung ja auch nicht bei den Einreden - sondern erst im Anschluss - geprüft wird.

Fehler Nr. 65*

(§ 393 BGB)

»Mit seiner Forderung aus § 823 Abs. 1 BGB kann A jedoch gemäß § 393 BGB nicht gegen die Kaufpreisforderung des B aufrechnen.«

Die Regelung des § 393 BGB wird oft übersehen und fast genauso oft falsch gelesen. Sie stellt ein Aufrechnungsverbot auf. Demnach kann gegen eine Forderung aus einer vorsätzlich begangenen unerlaubten Handlung nicht aufgerechnet werden. Sinn und Zweck davon ist es, zu verhindern, dass jemand seinem Schuldner Gewalt antun kann, ohne hierdurch zivilrechtliche Nachteile befürchten zu müssen.[27]

Hat beispielsweise A gegen B einen Anspruch auf Kaufpreiszahlung und ist B aber zahlungsunfähig, so könnte ohne die Existenz des § 393 BGB der A den B verprügeln und sich sodann von den Schadensersatz- und Schmerzensgeldansprüchen des B durch Aufrechnung mit der uneinbringlichen Kaufpreisforderung befreien. Die Sperre des § 393 BGB verhindert in so einem Fall ein zivilrechtlich folgenloses Gewaltinkasso.

Der Fehler in dem oben zitierten Obersatz liegt nun darin, dass die Forderung aus § 823 Abs. 1 BGB als diejenige angesehen wird, mit der man nicht aufrechnen kann. Richtigerweise ist jedoch die Forderung aus § 823 Abs. 1 BGB diejenige, gegen die man nicht aufrechnen kann.

27 Palandt/Grüneberg, BGB, § 393 Rn. 1.

Fehler Nr. 66***

(§ 398 BGB)

»A könnte gegen B einen Anspruch auf Abtretung von dessen Forderung gegen den C aus § 398 S. 1 BGB haben.«

Der Anspruch auf Abtretung einer Forderung kann niemals aus § 398 BGB folgen. Diese Vorschrift regelt zwar die Abtretung, jedoch enthält sie gerade keine Anspruchsgrundlage. Sie regelt nur das »Wie« der Abtretung. Die Abtretung erfolgt durch Abtretungsvertrag. Bei einem solchen überträgt der Zedent dem Zessionar eine Forderung. Der Vorgang ist mit Vertragsschluss abgeschlossen und die Forderung damit übertragen (§ 398 S. 2 BGB). Eines Publizitätsaktes bedarf es nicht.

Die Abtretung stellt eine Verfügung über eine Forderung dar. So wie die Übertragung des Eigentums an einer Sache durch Übereignung nach § 929 BGB bzw. § 873 Abs. 1 BGB erfolgt, erfolgt die Übertragung einer Forderung durch Abtretung nach § 398 S. 1 BGB. Der Anspruch auf Übereignung und der Anspruch auf Abtretung können nur auf einer schuldrechtlichen Verpflichtung beruhen. Insbesondere ist in Klausuren häufig ein Anspruch auf Abtretung aus einem Forderungskauf zu prüfen. Anspruchsgrundlage ist dann §§ 453 Abs. 1, 433 Abs. 1 S. 1 BGB.

Fehler Nr. 67**

(§ 426 BGB)

»A kann jedoch nicht allein in Anspruch genommen werden. Der Anspruch des C ist vielmehr nach § 426 Abs. 1 BGB gegen A und B als Gesamtschuldner zu richten und entsprechend aufzuteilen.«

Im Falle einer Gesamtschuld (§ 421 BGB) kann der Gläubiger sehr wohl nach seinem Belieben jeden Schuldner auf die ganze Leistung in Anspruch nehmen. Dem Gläubiger kommt eine »Paschastellung« zu, weil ihm alle Schuldner auf das Ganze haften und er sich frei aussuchen kann, wen er in Anspruch nimmt.[28]

Die Regelung des § 426 BGB regelt das Innenverhältnis zwischen den Gesamtschuldnern und braucht den Gläubiger nicht zu interessieren. Auch wenn es sich aus dem Wortlaut des § 426 Abs. 1 S. 1 BGB nicht ausdrücklich ergibt, handelt es sich dabei nicht lediglich um eine Lastenverteilungsregel, sondern um eine echte Anspruchsgrundlage. In Klausuren wird dies sehr häufig übersehen. Der Anspruch ist vor Befriedigung des Gläubigers als Mitwirkungsanspruch unter allen gegen alle Gesamtschuldner auf anteilige Schuldbefreiung gerichtet. Nach Befriedigung des Gläubigers handelt es sich um einen Ausgleichsanspruch derjenigen Gesamtschuldner, die den Gläubiger befriedigt haben, gegen den bzw. die anderen Gesamtschuldner.

28 Palandt/Grüneberg, BGB, § 421 Rn. 1.

Fehler Nr. 68*

(§ 433 BGB)

»A könnte gegen B einen Anspruch auf Herausgabe des gekauften Pkw aus § 433 Abs. 1 BGB haben.«

Der kaufvertragliche Anspruch aus § 433 Abs. 1 S. 1 BGB ist kein Herausgabeanspruch, sondern auf Übergabe und Übereignung der Kaufsache gerichtet. Dies ist etwas völlig anderes. Ein Herausgabeanspruch zielt auf die (Rück-)Übertragung des Besitzes, ohne dass ein Wechsel in der Eigentumslage stattfinden soll. Beim Anspruch nach § 433 Abs. 1 S. 1 BGB geht es aber gerade auch um die Eigentumsverschaffung.

Unabhängig davon stellt sich die Frage, ob der Anspruch auf Übergabe und Übereignung der Kaufsache aus § 433 Abs. 1 S. 1 BGB oder unmittelbar aus dem Kaufvertrag folgt. Der Streit hierüber darf in einer Klausur auf keinen Fall dargestellt werden, wenn es nicht höchst ausnahmsweise darauf ankommt. Um eine von allen Seiten unangreifbare Formulierung zu wählen, kann man etwa schreiben: »A könnte einen kaufvertraglichen Anspruch auf Übergabe und Übereignung des Pkw gemäß § 433 Abs. 1 BGB haben.«

Fehler Nr. 69*

(§ 433 BGB)

»Ein Schadensersatzanspruch des V gegen K wegen dessen Annahmeverweigerung kommt nicht infrage, weil der Annahmeverzug nicht zum Schadensersatz verpflichtet.«

Richtig daran ist, dass der Annahmeverzug als Gläubigerverzug – anders als der Schuldnerverzug – tatsächlich nicht zum

Schadensersatz verpflichtet. Die §§ 293 bis 304 BGB enthalten nämlich keine Anspruchsgrundlage für Schadensersatzbegehren infolge Annahmeverzugs. Jedoch darf die Annahme nicht mit der Abnahme verwechselt werden. Nach § 433 Abs. 2 BGB ist der Käufer nicht nur zu Kaufpreiszahlung, sondern auch zur Abnahme der Kaufsache verpflichtet. Im Hinblick auf die Abnahme ist der Käufer also nicht Gläubiger, sondern Schuldner. Die Verweigerung der Abnahme kann ihn daher unter den Voraussetzungen der §§ 280 Abs. 1, Abs. 2, 286 BGB zum Schadensersatz wegen Schuldnerverzugs verpflichten.

Fehler Nr. 70**

(§ 434 BGB)

»Ein Sachmangel liegt nach § 434 Abs. 1 S. 1 BGB vor, wenn die Kaufsache nicht die vereinbarte Beschaffenheit aufweist. Ob hier eine Beschaffenheit tatsächlich vereinbart wurde, ist fraglich. Diese Frage kann jedoch dahinstehen, wenn sich die Sache jedenfalls nicht im Sinne von § 434 Abs. 1 S. 2 Nr. 1 BGB für die nach dem Vertrag vorausgesetzte Verwendung eignet.«

So elegant das Offenlassen einer problematischen Frage im Gutachten und Urteil oft sein mag, in diesem Fall geht das leider nicht. Oftmals ist die Frage, ob eine Beschaffenheit vereinbart wurde und welchen Inhalt diese Vereinbarung hat, sehr schwierig zu beantworten. In einem solchen Fall ist dann an dieser Stelle auf jeden Fall ein Schwerpunkt der Klausurbearbeitung zu setzen. Eine Umgehung dieser Frage durch ein hilfsweises Abstellen auf die Regelungen des § 434 Abs. 1 S. 2 Nr. 1 oder Nr. 2 BGB ist nicht möglich, weil der Mangelbegriff des § 434 Abs. 1 S. 1 BGB

Vorrang genießt. Diesen Vorrang gebietet nicht nur die Privatautonomie, sondern auch der Gesetzeswortlaut des § 434 Abs. 1 S. 2 HS. 1 BGB. Denn ein Sachmangel nach § 434 Abs. 1 S. 2 Nr. 1 oder Nr. 2 BGB liegt nur vor, soweit eine Beschaffenheit nicht vereinbart ist. Wurde eine Beschaffenheit vereinbart, kann die Sache also unmöglich nach § 434 Abs. 1 S. 2 Nr. 1 oder Nr. 2 BGB mangelhaft sein, weil das Fehlen einer Beschaffenheitsvereinbarung insoweit (negative) Tatbestandsvoraussetzung ist. Daher muss immer zunächst geklärt werden, ob ein Mangel nach § 434 Abs. 1 S. 1 BGB vorliegt, bevor auf § 434 Abs. 1 S. 2 BGB rekurriert werden darf.

Fehler Nr. 71**

(§ 437 BGB)

»Nachdem V den Pkw nicht geliefert hat, könnte K einen Anspruch auf Rückzahlung des Kaufpreises nach §§ 437 Nr. 2, 346 Abs. 1, 323 BGB haben.«

Wenn der Verkäufer nicht liefert, also seine Pflicht nach § 433 Abs. 1 S. 1 BGB nicht erfüllt, so kann es nicht zum Gefahrübergang nach § 446 BGB gekommen sein. Dann kann auch kein Sachmangel vorliegen, weil sämtliche Mängeltatbestände des § 434 BGB den Gefahrübergang voraussetzen. Dann kann aber § 437 BGB nicht zur Anspruchsgrundlage gehören, denn diese Vorschrift setzt ausdrücklich einen Mangel voraus (»Ist die Sache mangelhaft, ...«). Ist kein Gefahrübergang erfolgt, darf also niemals § 437 BGB bejaht oder auch nur zitiert werden. Ist nach dem Sachverhalt in der Klausur ohne Weiteres erkennbar, dass keine Lieferung erfolgt ist, sollte § 437 BGB nicht einmal »angeprüft« werden. Stattdessen ist unmittelbar auf die einschlägige Anspruchsgrundlage (in diesem Beispiel §§ 346 Abs. 1, 323 BGB) abzustellen.

Fehler Nr. 72**

(§ 438 BGB)

»Der Anspruch auf Zahlung des Kaufpreises könnte aber nach § 194 Abs. 1 BGB verjährt sein. Die Verjährungsfrist beträgt nach § 195 BGB fünf Jahre. Im Kaufrecht gilt jedoch die Sondervorschrift des § 438 BGB. Demnach verjähren kaufrechtliche Ansprüche nach zwei Jahren (§ 438 Abs. 1 Nr. 3 BGB).«

Die verjährungsrechtlichen Sondervorschriften in § 438 BGB gelten nicht pauschal »im Kaufrecht«, sondern nach dem ausdrücklichen Gesetzeswortlaut lediglich für die in § 437 Nr. 1 und Nr. 3 BGB bezeichneten Ansprüche. Der kaufrechtliche Zahlungsanspruch gemäß § 433 Abs. 2 BGB gehört nicht dazu. Genauso wenig gilt § 438 BGB für den Anspruch auf Übergabe und Übereignung der Kaufsache gemäß § 433 Abs. 1 S. 1 BGB. Insoweit ist die Regelverjährungsfrist des § 195 BGB maßgeblich.

Fehler Nr. 73*

(§ 438 BGB)

»Die Verjährung beginnt nach § 438 Abs. 2 BGB mit Übergabe des Pkw.«

Die Regelung des § 438 Abs. 2 BGB bestimmt im Sinne von § 200 S. 1 BGB einen besonderen Verjährungsbeginn. Bei Grundstücken beginnt die Verjährung mit Übergabe, bei beweglichen Sachen mit Ablieferung. Diese Begriffe sind nicht synonym. Übergabe ist die einverständliche Übertragung des unmittelbaren Besitzes.[29] Eine Ablieferung setzt voraus, dass der Verkäufer die Sache aus seiner Verfügungsgewalt entlässt und diese in Erfüllung des Kaufvertrags so in den Machtbereich des Käufers verbracht wird, dass diesem nunmehr anstelle des Verkäufers die Verfügungsmöglichkeit zusteht und ihm ermöglicht wird, die Sache zu untersuchen.[30] Die beiden Begriffe decken sich nicht vollständig. Bei der Hol- und der Bringschuld erfolgt die Ablieferung regelmäßig durch Übergabe.[31] Beim Versendungskauf dagegen ist schon dann abgeliefert, wenn die Kaufsache nach Versendung dem Käufer am Bestimmungsort zur sofortigen Abholung zur Verfügung gestellt wird.[32] In diesem Moment hat der Käufer in der Regel noch keinen unmittelbaren Besitz, sodass keine Übergabe vorliegt.

Fehler Nr. 74*

(§ 438 BGB)

»Die Verjährung beginnt nach § 438 Abs. 2 BGB mit dem Gefahrübergang.«

Die Verjährung beginnt keinesfalls mit Gefahrübergang, sondern mit Übergabe oder Ablieferung der Kaufsache. Zwar kann nach § 446 S. 3 BGB der Annahmeverzug des Käufers die Übergabe ersetzen und so den Gefahrübergang bewirken. Bei § 438 Abs. 2 BGB findet sich jedoch keine vergleichbare Regelung. Eine solche würde auch den Zweck des § 438 Abs. 2 BGB, dem Käufer die

29 Palandt/Weidenkaff, BGB, § 438 Rn. 14.

30 Medicus/Lorenz, Schuldrecht II, Rn. 222.

31 Medicus/Lorenz, Schuldrecht II, Rn. 222.

32 BGH NJW 1995, 3381, 3382 f.

Möglichkeit zu geben, die Kaufsache auf Mängel zu untersuchen, konterkarieren. Im Rahmen des § 438 Abs. 2 BGB kommt es daher nicht auf den Gefahrübergang, sondern auf eine tatsächliche Übergabe bzw. Ablieferung der Kaufsache an.

Fehler Nr. 75*

(§ 438 BGB)

»Die Verjährung des Anspruchs aus §§ 437 Nr. 1, 439 BGB beginnt wegen § 199 Nr. 2 BGB jedoch erst, nachdem K Kenntnis von dem Defekt erlangt hat.«

Das in § 199 BGB statuierte subjektive Verjährungssystem, das die Kenntnis des Gläubigers von den anspruchsbegründenden Umständen voraussetzt, wird in § 438 Abs. 2 BGB durch ein objektives System abgelöst. Demnach kommt es für die kaufrechtliche Verjährung lediglich auf die durch die Übergabe bzw. Ablieferung der Kaufsache verschaffte Möglichkeit der Kenntnisnahme von dem Mangel, nicht jedoch auf eine tatsächliche Kenntnis des Käufers an.

Fehler Nr. 76***

(§ 439 BGB)

»Der Anspruch auf Nacherfüllung ist jedoch ausgeschlossen, da V den Mangel nicht zu vertreten hat.«

Der Anspruch auf Nacherfüllung setzt einen wirksamen Kaufvertrag und einen Mangel der Kaufsache voraus, sonst nichts. Insbesondere kommt es nicht auf ein Vertretenmüssen des Mangels seitens des Verkäufers an. Ein solches ist einzig und allein für Schadensersatzansprüche relevant.

Fehler Nr. 77*

(§ 439 BGB)

»K könnte gegen V einen Anspruch auf Ersatz der Transportkosten für das Rücksenden der defekten Ware aus §§ 437 Nr. 3, 280 Abs. 1 BGB haben.«

Es darf dem K schon aus europarechtlichen Gründen (Verbrauchsgüterkaufrichtlinie!) nicht so schwer gemacht werden, die entstandenen Transportkosten wiederzuerlangen, denn der Anspruch aus §§ 437 Nr. 3, 280 Abs. 1 BGB ist durch die Sondervorschrift des § 439 Abs. 2 BGB in diesem Fall obsolet. Die Regelung des § 439 Abs. 2 BGB enthält nicht – wie der Wortlaut vermuten lässt – eine bloße Kostentragungsregel. Es handelt sich vielmehr um eine eigenständige Anspruchsgrundlage.

Fehler Nr. 78***

(§ 441 BGB)

»K könnte gegen V einen Anspruch auf Minderung nach §§ 437 Nr. 2, 441 BGB haben.«

Ein solcher Anspruch existiert nicht. Die Minderung nach § 441 BGB ist ein Gestaltungsrecht, welches den Käufer berechtigt, den Kaufpreisanspruch des Verkäufers durch einseitige Erklärung herabzusetzen. Ein Gestaltungsrecht wird wirksam ausgeübt, wenn dessen gesetzliche Voraussetzungen erfüllt sind. Einer Mitwirkung durch das Gegenüber bedarf es nicht, sodass ein darauf gerichteter Anspruch sinnlos wäre.

Fehler Nr. 79**

(§ 441 BGB)

»Die Minderung könnte nach § 214 BGB verjährt sein.«

Gestaltungsrechte verjähren nicht. Lediglich Ansprüche unterliegen der Verjährung (vgl. § 194 Abs. 1 BGB). Nach § 438 Abs. 5 BGB gilt der Unwirksamkeitsgrund des § 218 BGB aber auch für die Minderung.

Fehler Nr. 80*

(§ 446 BGB)

»Die Gefahr könnte aber bereits durch Übereignung nach § 446 S. 1 BGB auf K übergegangen sein.«

Hier wurde das Gesetz offenbar nicht richtig gelesen. Nach § 446 S. 1 BGB wechselt die Gefahr nicht durch Übereignung, sondern bereits mit Übergabe auf den Käufer. Gefahr im Sinne des § 446 BGB meint zum einen die Sachgefahr, d. h. das Risiko des Verlusts und der Verschlechterung der Kaufsache durch äußere Einwirkung.[33] Gefahr im Sinne des § 446 BGB ist aber auch die Vergütungsgefahr (Preisgefahr), d. h. das Risiko, den Kaufpreis auch bei Verschlechterung der Kaufsache zahlen zu müssen.[34]

Die Sachgefahr trägt grundsätzlich immer der Eigentümer, ohne dass dies einer gesetzlichen Regelung bedürfte. Es ist gerade Sinn und Zweck des § 446 BGB, die Sachgefahr ausnahmsweise

33 Palandt/Weidenkaff, BGB, § 446 Rn. 5, 14.

34 Palandt/Weidenkaff, BGB, § 446 Rn. 15.

zu verlagern. Würde der Gesetzgeber wollen, dass die Gefahr erst mit Übereignung übergeht, bräuchte er dies nicht besonders regeln, weil dies der dem Eigentum anhaftende Normalfall ist.

Fehler Nr. 81*

(§ 447 BGB)

»Die Gefahr könnte jedoch bereits mit Übergabe des Buches an die Postfiliale gemäß § 447 Abs. 1 BGB auf K übergegangen sein.«

Die gesetzliche Terminologie ist stets einzuhalten. Die Gefahr geht nach § 446 S. 1 BGB mit Übergabe an den Käufer oder nach § 447 Abs. 1 BGB mit Auslieferung an eine Versendungsperson oder -institution über. Der Begriff der Übergabe ist vom Gesetz für die Übertragung des Besitzes auf den Käufer bestimmt. Geht es um einen Versendungskauf im Sinne des § 447 BGB, so setzt der Gefahrübergang keine Übergabe voraus, weder durch den Verkäufer an die Post etc. noch durch die Post an den Käufer. Es kommt allein auf die Auslieferung der Kaufsache durch den Verkäufer bei der Versendungsperson bzw. -institution an.

Fehler Nr. 82*

(§ 449 BGB)

»V könnte gegen K einen Anspruch auf Herausgabe des Pkw aus § 449 Abs. 2 BGB haben.«

Die Regelung des § 449 Abs. 2 BGB enthält keine Anspruchsgrundlage. Sie regelt den Fall, dass der Verkäufer mit dem

Käufer einen Eigentumsvorbehalt vereinbart hat und der Verkäufer den Besitz an der Sache zurückübertragen haben will. In diesem Fall ist Anspruchsgrundlage § 985 BGB. Da der Kaufvertrag aber ein Recht zum Besitz im Sinne des § 986 Abs. 1 BGB bildet, ist der Anspruch ausgeschlossen. Nach § 449 Abs. 2 BGB kann der Verkäufer dieses Recht zum Besitz (nur) durch Rücktritt beseitigen. In dieser Konstellation kommt als Rücktrittsgrund neben der verzögerten Kaufpreiszahlung (§ 323 BGB) häufig eine unsachgemäße Behandlung der - noch im Eigentum des Verkäufers stehenden - Kaufsache als Nebenpflichtverletzung nach § 241 Abs. 2 BGB in Betracht, also der Fall des § 324 BGB.

Fehler Nr. 83*

(§ 453 BGB)

»Das dem K verkaufte Recht könnte einen Sachmangel nach § 453 Abs. 3 BGB aufweisen.«

Ein Recht kann schon begrifflich keinen Sachmangel aufweisen.[35] Dies gilt auch im Fall des § 453 Abs. 3 BGB, wo ein Recht verkauft wird, das zum Besitz einer Sache berechtigt. In diesem Fall kann die Sache selbstverständlich einen Sachmangel im Sinn des § 434 BGB aufweisen. Das verkaufte Recht als solches jedoch wird dadurch freilich nicht sachmangelhaft.

35 Palandt/Weidenkaff, BGB, § 453 Rn. 17.

Fehler Nr. 84**

(§ 474 BGB)

»K könnte gegen V einen Anspruch auf Lieferung des Pkw aus §§ 433 Abs. 1, 474 BGB haben. Dazu müsste ein Verbrauchsgüterkauf zustande gekommen sein.«

Der Lieferanspruch des § 433 Abs. 1 BGB setzt voraus, dass ein Kaufvertrag zustande gekommen ist. Ob es sich dabei um einen Verbrauchsgüterkaufvertrag im Sinne des § 474 BGB handelt, ist jedoch völlig unerheblich. Die Klärung der Frage, ob ein Verbrauchsgüterkauf vorliegt, ist im Gutachten an der Stelle zu klären, an der es auf sie ankommt. An jeder anderen Stelle ist sie falsch und zeugt von mangelndem Systemverständnis.

Am häufigsten kommt es in Klausuren auf diese Frage bei der Prüfung des Sachmangels an, denn nach § 434 Abs. 1 BGB ist für die Mangelhaftigkeit der Kaufsache der Zeitpunkt des Gefahrübergangs maßgeblich. Die Sache muss bereits zum Zeitpunkt des Gefahrübergangs in ihrer Istbeschaffenheit von der Sollbeschaffenheit abweichen. Beweisen muss dies nach der Grundregel des § 363 BGB der Käufer. Nach § 476 BGB wird allerdings vermutet, dass eine Sache bereits bei Gefahrübergang mangelhaft war, wenn sich der Mangel innerhalb von sechs Monaten nach Gefahrübergang zeigt. Diese Beweislastumkehr zugunsten des Käufers gilt jedoch nur, wenn ein Verbrauchsgüterkauf vorliegt, sodass dessen Vorliegen an dieser Stelle zu erörtern ist.

Auch bei einer Vereinbarung zwischen Käufer und Verkäufer, die zum Nachteil des Käufers von den Vorschriften der §§ 433 bis 435, 437 bis 443 BGB abweicht (insbesondere Haftungsausschluss), kommt es auf das Vorliegen eines Verbrauchsgüterkaufs an, denn nach § 475 Abs. 1 BGB sind solche Vereinbarungen unwirksam. Die vom Gesetzgeber gewählte Formulierung »kann sich nicht berufen« dient lediglich der Klarstellung, dass der Kaufvertrag entgegen § 139 BGB trotz solch unwirksamer Vereinbarungen wirksam bleibt. Der Verkäufer kann sich auf solche Vereinbarungen nicht berufen, weil sie unwirksam sind.[36]

Fehler Nr. 85**

(§ 475 BGB)

»V und K haben sich durch die AGB auf einen vollständigen Ausschluss der Gewährleistung geeinigt. Fraglich ist, ob dieser Gewährleistungsausschluss einer Inhaltskontrolle nach §§ 307, 308, 309 BGB standhält.«

Wer Derartiges schreibt, führt im Folgenden konsequenterweise eine umfassende AGB-Kontrolle durch. Diese ist jedoch völlig überflüssig. Nach § 475 Abs. 1 S. 1 BGB ist die Klausel unwirksam, da sie die Gewährleistung nach § 437 BGB vollständig ausschließt. Dem steht nicht § 475 Abs. 3 BGB entgegen, der für den formularmäßigen Ausschluss von Schadensersatzansprüchen eine AGB-Kontrolle eröffnet. Es handelt sich nämlich gerade nicht nur um einen Ausschluss von Schadensersatzansprüchen, sondern um einen Totalausschluss. Dass es sich um AGB handelt, ist irrelevant. Ein totaler Gewährleistungsausschluss ist nach § 475 Abs. 1 BGB unabhängig davon unwirksam, ob er durch Individualvereinbarung oder durch AGB erfolgen soll.

36 Palandt/Weidenkaff, BGB, § 475 Rn. 5.

Fehler Nr. 86**

(§ 475 BGB)

»V und K haben aber mündlich vereinbart, dass der Anspruch auf Schadensersatz für Sachmängel ausgeschlossen sein soll. Diese Vereinbarung ist aber nach § 475 Abs. 1 S. 1 BGB unwirksam.«

Der Ausschluss von Schadensersatzansprüchen ist nach § 475 Abs. 3 BGB auch bei Verbrauchsgüterkaufverträgen möglich. Seine Wirksamkeit richtet sich nach allgemeinen Regeln. Handelt es sich um einen Ausschluss in AGB, so muss er insbesondere einer Inhaltskontrolle nach §§ 307, 308, 309 BGB standhalten. Wenn es sich um eine Individualvereinbarung handelt, kommt nur eine Unwirksamkeit nach § 444 oder nach Vorschriften des Allgemeinen Teils in Betracht.

Fehler Nr. 87*

(§ 478 BGB)

»V könnte gegen L einen Anspruch auf Nacherfüllung gemäß § 478 Abs. 1 BGB haben.«

Die Regelung des § 478 Abs. 1 BGB enthält keine Anspruchsgrundlage, sondern erklärt die Fristsetzung in Unternehmerregressfällen für entbehrlich. Der Endverkäufer hat gegen seinen Lieferanten bei Lieferung einer mangelhaften Sache die Ansprüche aus § 437 BGB. Das Verhältnis von Endverkäufer und Lieferant ist vorbehaltlich der Sonderreglungen in §§ 478, 479 BGB genauso zu behandeln wie das Verhältnis von Endabnehmer und Endverkäufer.

Fehler Nr. 88*

(§ 518 BGB)

»Die Schenkung könnte jedoch nach § 518 Abs. 1 S. 1 BGB unwirksam sein.«

Die Regelung des § 518 Abs. 1 S. 1 BGB enthält keine Anordnung der Unwirksamkeit des Schenkungsversprechens, sondern lediglich ein Formgebot. Wird dieses verletzt, ergibt sich die Unwirksamkeit des Schenkungsversprechens aus § 125 BGB.

Fehler Nr. 89**

(§ 536 BGB)

»Möglicherweise kann M die Miete gemäß § 536 Abs. 1 S. 1 BGB mindern. Voraussetzung ist ein Mietmangel und eine Minderungserklärung.«

Das ist falsch. Die Minderung nach § 536 Abs. 1 S. 1 BGB tritt kraft Gesetzes ein und bedarf gerade keiner Minderungserklärung. Voraussetzung ist gemäß § 536c BGB lediglich eine Anzeige des Mangels. Eine Erklärung, die Miete nicht mehr bzw. nicht mehr in der vertraglich vereinbarten Höhe zu zahlen, muss der Mieter hingegen nicht abgeben.

Zahlt der Mieter die Miete in voller Höhe weiter, obwohl diese nach § 536 Abs. 1 BGB gemindert ist, hat der Mieter – vorbehaltlich § 814 BGB – einen Anspruch auf Rückzahlung des überzahlten Betrags gemäß § 812 Abs. 1 S. 1 Alt. 1 BGB. Der Mietvertrag ist kein Rechtsgrund zum Behaltendürfen für den Vermieter. Denn die gesetzlich angeordnete Minderung geht der vertraglichen Vereinbarung über die Miethöhe vor.

Fehler Nr. 90**

(§ 536a BGB)

»M könnte gegen V einen Anspruch auf Schadensersatz aus § 536a Abs. 1 Alt. 1 BGB haben. Ein Mangel bei Vertragsschluss lag vor. Diesen müsste V zu vertreten haben.«

Bei Ansprüchen aus § 536a Abs. 1 BGB ist unbedingt zu unterscheiden zwischen Mängeln, die bereits bei Vertragsschluss vorhanden waren, und solchen, die erst später entstehen. Hinsichtlich Mängeln, die bereits bei Vertragsschluss vorhanden sind, gilt eine gesetzliche Garantiehaftung, d. h., der Vermieter haftet verschuldensunabhängig auf Schadensersatz gemäß § 536a Abs. 1 Alt. 1 BGB. Hinsichtlich Mängeln, die erst später entstehen, setzt der Schadensersatzanspruch des Mieters nach § 536a Abs. 1 Alt. 2 BGB ein Verschulden des Vermieters voraus.

Fehler Nr. 91**

(§ 548 BGB)

»Der Ersatzanspruch des Vermieters könnte aber verjährt sein. Die Verjährungsfrist beträgt jedoch nach § 195 BGB drei Jahre. Diese sind noch lange nicht verstrichen, sodass noch keine Verjährung eingetreten ist.«

Ersatzansprüche des Vermieters verjähren nach § 548 Abs. 1 BGB nicht in der regelmäßigen Verjährungsfrist, sondern bereits nach sechs Monaten. Diese Regelung dient der schnellen Abwicklung und trägt damit auch dem Interesse des Mieters daran Rechnung, zeitnah zu erfahren, welche Forderungen der Vermieter noch gegen ihn geltend machen will.

Fehler Nr. 92*

(§ 631 BGB)

»A könnte gegen B einen Anspruch auf Vergütung gemäß § 631 BGB haben. Voraussetzung ist ein Werkvertrag. A und B haben vereinbart, dass B dem A eine Homepage gestalten und programmieren wird. Fraglich ist, ob es sich dabei um einen Dienst- oder um einen Werkvertrag handelt. Maßgeblich für die Abgrenzung ist ...«

Dieser Fehler tritt sehr häufig auf. Die Abgrenzung zwischen Dienst- und Werkvertrag ist schwierig und die korrekte Bestimmung im Einzelfall oftmals sehr aufwendig. Sie muss im Gutachten an der Stelle vorgenommen werden, an der es auf sie ankommt. Das kann nur bei Anwendung einer Vorschrift sein, die entweder nur bei einem Werk- oder nur bei einem Dienstvertrag gilt. Wenn eine Vorschrift für beide Vertragsarten gleichermaßen anwendbar ist und sich bei der Anwendung auch keinerlei Unterschiede aus der Vertragsart ergeben, kann bei Anwendung dieser Vorschrift offenbleiben, um welche Vertragsart es sich tatsächlich handelt.

Prüft man § 280 BGB, so kommt es beim Prüfungspunkt »Schuldverhältnis« nie darauf an, ob ein Werk- oder Dienstvertrag geschlossen wurde. Es wurde jedenfalls ein Vertrag geschlossen. Das genügt. Die Zuordnung des Vertrags zu einem bestimmten Typus kann ohne Weiteres unterbleiben. Gefordert wird lediglich ein Schuldverhältnis, nicht ein bestimmtes Schuldverhältnis. Beim Prüfungspunkt »Pflichtverletzung« kann dies anders sein, denn ein Werkvertrag verpflichtet zu qualitativ anderen Leistungen als ein Dienstvertrag. Kommt die Verletzung einer spezifisch nur bei einer bestimmten Vertragsart vorkommenden Pflicht in Betracht, so muss an dieser Stelle geprüft werden, ob diese Pflicht überhaupt erfüllt werden musste. Dazu kommt es entscheidend darauf an, ob ein Vertrag geschlossen worden ist, der diese Pflicht festlegt. Wenn lediglich die Verletzung einer Pflicht in Betracht kommt, die sowohl bei Werk- als auch Dienstverträgen vorkommt, so hat auch hier eine Abgrenzung der Vertragsarten zu unterbleiben. Z. B. sind Schutzpflichten nach § 241 Abs. 2 BGB bei beiden Vertragsarten zu beachten. Auch die Entgeltpflicht gibt es bei Werk- und Dienstverträgen.

Prüft man eine Vorschrift, die zwar spezifisch nur auf einen Werk- oder auf einen Dienstvertrag Anwendung findet, die jedoch auch bei der jeweils anderen Vertragsart mit entsprechendem Inhalt vorkommt, kann ebenfalls eine Abgrenzung unterbleiben. Z. B. ist § 632 Abs. 1, Abs. 2 BGB spezifisch nur auf den Werkvertrag anwendbar, sodass an sich der Anwendung eine Abgrenzung der Vertragsarten vorausgehen müsste. Jedoch kennt das Dienstvertragsrecht in § 612 Abs. 1, Abs. 2 BGB entsprechende Vorschriften. Ob man nun § 632 BGB oder § 612 BGB anwendet, macht im Ergebnis – d. h. im Hinblick auf die Rechtsfolge – keinen Unterschied. Daher kann man offenlassen, ob man § 632 BGB oder § 612 BGB anwendet, sodass auch die Abgrenzung der

Vertragsarten unnötig ist. Entsprechendes gilt, wenn es um den Anspruch auf das Entgelt geht. Beim Werkvertrag folgt dieser aus § 631 BGB, beim Dienstvertrag aus § 611 Abs. 1 BGB. Welche Vorschrift angewendet wird, kann offenbleiben, zumal der Anspruch ohnehin auch nicht aus dem Gesetz, sondern aus der vertraglichen Entgeltabrede abgeleitet werden kann. Eine Entgeltabrede gibt es aber beim Werk- und beim Dienstvertrag gleichermaßen, sodass es wiederum keiner Abgrenzung bedarf.

Soll aber bspw. § 634 BGB angewendet werden, so muss dabei zwingend geprüft werden, ob überhaupt ein Werkvertrag vorliegt. Denn das Dienstvertragsrecht kennt keine dem § 633 BGB entsprechende Gewährleistungsvorschrift.

Fehler Nr. 93*

(§ 651a BGB)

»R hat bei H einen Flug von München nach Palma de Mallorca zu Urlaubszwecken gebucht. Damit liegt ein Reisevertrag im Sinne von § 651a BGB vor.«

Gegenstand eines Reisevertrags ist nach § 651a Abs. 1 BGB die entgeltliche Erbringung einer Gesamtheit von Reiseleistungen. Eine einzelne Reiseleistung stellt keine Gesamtheit von Reiseleistungen dar. Daran ändert auch die Tatsache nichts, dass diese Reiseleistung zu Urlaubszwecken gebucht und erbracht wird. Ein Reisevertrag im Sinne von § 651a BGB kann auch bei einer Geschäftsreise vorliegen. Eine Gesamtheit von Reiseleistungen setzt mindestens zwei gleichgeordnete Reiseleistungen voraus.[37]

37 Palandt/Sprau, BGB, Einf. v. § 651a Rn. 3.

Fehler Nr. 94**

(§ 651d BGB)

»R könnte den Reisepreis jedoch nach § 651d Abs. 1 BGB gemindert haben.«

Das ist zumindest zu ungenau formuliert. Der Reisepreis mindert sich gemäß § 651d Abs. 1 BGB nämlich nicht durch eine Minderungserklärung, sondern kraft gesetzlicher Anordnung. Diese ist aber ausgeschlossen, wenn der Reisende den Reisemangel schuldhaft nicht anzeigt. In einer Klausur ist jedenfalls scharf zu unterscheiden zwischen einer bloßen Mängelanzeige (Wissenserklärung) und einer Minderungserklärung (Gestaltungserklärung). Der Letzteren bedarf es für die Minderung im Reisevertragsrecht - wie im Mietrecht - nicht.

Fehler Nr. 95***

(§ 670 BGB)

»A könnte gegen B einen Anspruch auf Schadensersatz aus § 670 BGB haben.«

Die Regelung des § 670 BGB enthält eine Anspruchsgrundlage für den Ersatz von Aufwendungen, nicht für den Ersatz von Schäden. Aufwendungen sind freiwillige Vermögenseinbußen. Schäden sind dagegen unfreiwillige Vermögenseinbußen.

Fehler Nr. 96**

(§ 766 BGB)

»B müsste dem G die Bürgschaftsurkunde nach § 766 Abs. 1 S. 1 BGB schriftlich erteilt haben. B hat den Bürgschaftsvertrag unterschrieben und dem G zugefaxt. Damit ist das Formerfordernis erfüllt.«

Definitiv nicht. B hat dem G gerade nicht die Bürgschaftsurkunde erteilt, sondern ihm lediglich eine Faxkopie zukommen lassen. Dass es eine unterschriebene Originalurkunde gibt, hilft darüber nicht hinweg, denn diese wurde dem G nicht erteilt, da er sie nie in seinem Besitz hatte. Die Formvorschrift des § 766 Abs. 1 S. 1 BGB ist daher verletzt und der Bürgschaftsvertrag nach § 125 BGB nichtig.

Fehler Nr. 97**

(§ 812 BGB)

»A könnte gegen B einen Anspruch auf Herausgabe aus § 812 Abs. 1 BGB haben.«

Bei kaum einer anderen Vorschrift nehmen Korrektoren eine ungenaue Zitierweise so übel wie bei § 812 Abs. 1 BGB. Denn diese Vorschrift enthält vier verschiedene Anspruchsgrundlagen: die condictio indebiti (§ 812 Abs. 1 S. 1 Alt. 1 BGB), die condictio ob causam finitam (§ 812 Abs. 1 S. 2 Alt. 1 BGB), die condictio ob rem (§ 812 Abs. 1 S. 2 Alt. 2 BGB) und die Nichtleistungskondiktion (§ 812 Abs. 1 S. 1 Alt. 2 BGB). Im

Obersatz muss unbedingt klargestellt werden, welche Kondiktion geprüft wird.

Fehler Nr. 98**

(§ 812 BGB)

»A könnte gegen B einen Anspruch auf Herausgabe des Buches aus § 812 Abs. 1 S. 1 Alt. 1 BGB haben. Dazu müsste B etwas erlangt haben. B hat das Buch und damit etwas erlangt.«

Das ist viel zu ungenau! B hat nicht das Buch erlangt, er hat Eigentum und Besitz an dem Buch erlangt. Eventuell hat er auch nur das Eigentum oder nur den Besitz an dem Buch erlangt. Jedenfalls muss präzise festgelegt werden, welche Rechtsposition der Anspruchsgegner erlangt hat, denn dadurch wird zugleich der Bereicherungsgegenstand bestimmt. Diesen muss der Kondiktionsschuldner herausgeben bzw. entsprechenden Wertersatz nach § 818 Abs. 2 BGB leisten.

Fehler Nr. 99***

(§ 812 BGB)

»A müsste das Eigentum an dem Pkw durch Leistung erlangt haben. A könnte das Eigentum durch Kaufvertrag erworben haben.«

Nein, das ist definitiv ausgeschlossen! Ein Kaufvertrag berührt die dingliche Rechtslage nicht (Trennungs- und Abstraktionsprinzip). Ein Eigentumserwerb durch Kaufvertrag kommt daher nicht infrage. Die Frage, ob ein Kaufvertrag vorliegt, kann bei

Ansprüchen aus § 812 Abs. 1 S. 1 Alt. 1 BGB nur beim Prüfungspunkt »ohne Rechtsgrund« relevant werden.

Fehler Nr. 100*

(§ 812 BGB)

»A müsste das Eigentum durch Leistung auf Kosten des B erlangt haben.«

Das Merkmal »auf dessen Kosten« bezieht sich nach vorzugswürdiger Auffassung nicht auf die Leistungskondiktion nach § 812 Abs. 1 S. 1 Alt. 1 BGB, sondern nur auf die Nichtleistungskondiktion nach § 812 Abs. 1 S. 1 Alt. 2 BGB. Wenn man anderer Meinung ist, ist jedenfalls eine Prüfung des Merkmals »auf dessen Kosten« bei der condictio indebiti zu unterlassen, da bereits durch das Merkmal »durch Leistung« abschließend festgestellt werden kann, wer die entreicherte und wer die bereicherte Person ist. Eine weitere Prüfung, auf wessen Kosten die Leistung geht, wäre sinnlos.[38]

Fehler Nr. 101**

(§ 818 BGB)

»Der Anspruch könnte jedoch wegen der Entreicherungseinrede § 818 Abs. 3 BGB nicht durchsetzbar sein.«

Auch wenn in der Praxis manchmal von der »Einrede der Entreicherung« gesprochen wird, enthält die Regelung des § 818 Abs.

38 Vgl. auch Palandt/Sprau, § 812 Rn. 5.

3 BGB keine rechtshemmende Einrede, sondern eine von Amts wegen zu beachtende rechtsvernichtende Einwendung. Es wird also nicht nur die Durchsetzbarkeit des Anspruchs gehemmt, vielmehr führt § 818 Abs. 3 BGB zum Erlöschen des Anspruchs.

Fehler Nr. 102**

(§ 823 BGB)

»A könnte gegen B einen Anspruch auf Schadensersatz aus § 823 BGB haben.«

§ 823 BGB enthält in Absatz 1 und in Absatz 2 jeweils zwei Anspruchsgrundlagen, die völlig unterschiedliche Voraussetzungen haben. Unbedingt muss im Obersatz klargestellt werden, welche dieser Anspruchsgrundlagen im Folgenden geprüft werden soll.

Fehler Nr. 103***

(§ 823 BGB)

»A könnte gegen B einen Anspruch auf Schadensersatz aus § 823 Abs. 1 BGB wegen Eigentumsverletzung haben. Dazu müsste er Eigentümer des Pkw sein. Ursprünglich war C Eigentümer des Pkw. Er könnte das Eigentum von diesem aber durch Kaufvertrag erworben haben.«

Auch im Rahmen der Prüfung von § 823 Abs. 1 BGB ist unbedingt das Trennungs- und Abstraktionsprinzip zu beachten. Eigentum wird niemals durch Kaufvertrag erworben.

Fehler Nr. 104**

(§ 823 BGB)

»A müsste an seinem Eigentum geschädigt worden sein.«

Hier werden die Begriffe »Rechtsgutsverletzung« und »Schaden« vermischt. Eine Rechtsgutsverletzung ist etwas völlig anderes als ein Schaden. Während ein Rechtsgut ein von der Rechtsordnung geschütztes Lebens- oder Sozialgut darstellt, ist ein Schaden lediglich die unfreiwillige Vermögenseinbuße im Sinne von § 249 BGB. Es kann oftmals vorkommen, dass zwar eine Rechtsgutsverletzung gegeben, aber ein Schaden gar nicht eingetreten ist. Der umgekehrte Fall ist noch viel häufiger: Schäden treten sehr oft ein, ohne dass es zu einer Rechtsgutsverletzung im Sinne von § 823 Abs. 1 BGB gekommen ist.

Fehler Nr. 105**

(§ 823 BGB)

»Die Eigentumsverletzung müsste B auch zu vertreten haben.«

Der Anspruch aus § 823 Abs. 1 BGB ist verschuldensabhängig. Zu prüfen ist also ein Verschulden, d. h. Vorsatz oder Fahrlässigkeit. Nicht gefordert wird ein Vertretenmüssen wie in § 280 BGB. Zwar umfasst das Vertretenmüssen das Verschulden, weil man ein Verschulden immer zu vertreten hat. Jedoch gibt es noch andere Dinge, die man zu vertreten hat. Nach § 276 Abs. 1 S. 1 BGB hat man auch die Übernahme einer Garantie oder eines Beschaffungsrisikos zu vertreten. Nach § 287 S. 2 BGB hat man während des Verzugs sogar den schlichten Zufall zu vertreten. All dies soll jedoch bei § 823 Abs. 1 BGB nicht zum Tragen kommen. Gefordert wird daher kein Vertretenmüssen, sondern lediglich ein Verschulden.

Fehler Nr. 106***

(§ 823 BGB)

»B hat die Eigentumsverletzung nicht verschuldet. Womöglich kann ihm aber das Verschulden des C nach § 278 BGB zugerechnet werden.«

Das wird in Klausuren ständig versucht, aber es geht definitiv nicht! Der Schadensersatzanspruch des § 823 Abs. 1 BGB knüpft an ein eigenes Verhalten des Schädigers an. Hat ein solches den Schaden zurechenbar und widerrechtlich verursacht und liegt ein Verschulden des Schädigers vor, so haftet er. Wenn nicht, dann haftet er eben nicht. Eine Zurechnung von Fremdverschulden ist im Rahmen von § 823 Abs. 1 BGB definitiv und in jedem beliebigen Fall ausgeschlossen.

Es gibt Fälle, in denen andere Personen als der Anspruchsgegner den Schaden unmittelbar verursacht haben, in denen aber dennoch der Anspruchsgegner als Schädiger haftet. Dies sind Fälle des Organisationsverschuldens. Auch hier wird kein Fremdverschulden zugerechnet. Hier liegt vielmehr ein eigenes Verschulden des Anspruchsgegners vor. Ihm ist in Klausurfällen oftmals das Unterlassen zureichender Sicherungsmaßnahmen bzw. das Unterlassen der Überwachung der Einhaltung dieser Maßnahmen vorzuwerfen.

Fehler Nr. 107***

(§ 831 BGB)

»B hat die Eigentumsverletzung nicht verschuldet. Womöglich kann ihm aber das Verschulden des C nach § 831 BGB zugerechnet werden.«

Wer nach § 278 BGB ein Verschulden zurechnen will, lässt wenigstens erkennen, dass ihm bekannt ist, dass es sich bei dieser Vorschrift um eine Zurechnungsnorm handelt. Wer aber nach § 831 BGB ein Verschulden zurechnen will, lässt erkennen, dass ihm nicht bekannt ist, dass es sich bei dieser Regelung gerade nicht um eine Zurechnungsnorm, sondern um eine völlig eigenständige Anspruchsgrundlage handelt.

Fehler Nr. 108*

(§ 831 BGB)

»A könnte gegen B einen Anspruch auf Schadensersatz aus § 831 BGB haben. Dazu müsste C Verrichtungsgehilfe des B sein und B müsste ein Auswahl- oder Überwachungsverschulden treffen.«

Das ist viel zu ungenau. Die in § 831 Abs. 1 BGB bestimmte Haftung ist eine solche für vermutetes Verschulden. Das bedeutet, dass nicht etwa ein Verschulden des Anspruchsgegners positiv festgestellt werden muss, vielmehr müsste im Gegenteil nach § 831 Abs. 1 S. 2 BGB positiv festgestellt werden, dass den Anspruchsgegner kein Verschulden trifft (sogenannte »Exculpation«). Voraussetzung des Anspruchs ist also nicht ein Verschulden des Anspruchsgegners, sondern dass sich der Anspruchsgegner nicht exculpieren kann.

Fehler Nr. 109***

(§ 873 BGB)

»A könnte gegen B einen Anspruch auf Übereignung des Grundstücks aus § 873 Abs. 1 BGB haben.«

Ein sehr häufiger und äußerst schwerwiegender Fehler. Die Vorschrift des § 873 Abs. 1 BGB enthält keine Anspruchsgrundlage für die Übertragung des Eigentums an einem Grundstück. Sie besagt vielmehr, wie der Anspruch auf Übertragung des Eigentums an einem Grundstück erfüllt wird. Die Vorschrift regelt also gleichsam nicht das »Ob«, sondern das »Wie« der Immobiliarübereignung. Der Anspruch auf Übereignung eines Grundstücks folgt – genauso wie bei beweglichen Sachen – aus § 433 Abs. 1 S. 1 BGB bzw. aus § 516 Abs. 1 BGB bzw. den entsprechenden vertraglichen Abreden oder auch aus § 2174 BGB.

Fehler Nr. 110*

(§ 873 BGB)

»A ist Eigentümer des Grundstücks, weil er als Eigentümer im Grundbuch eingetragen ist.«

Diese Begründung trägt die Behauptung des Eigentums nicht. Man kann durchaus im Grundbuch eingetragen sein, ohne dass man Eigentümer des betroffenen Grundstücks ist. Z. B. kann man einem Geschäftsunfähigen wegen § 105 BGB kein Grundstück übereignen. Merkt aber niemand etwas von der Geschäftsunfähigkeit, so wird der Geschäftsunfähige gleichwohl im Grundbuch als Eigentümer eingetragen. Unter anderem für solche Fälle gibt es den Grundbuchberichtigungsanspruch nach § 894 BGB. Die Eintragung der Eigentümerstellung im Grundbuch begründet nach § 892 Abs. 1 BGB lediglich eine widerlegliche Vermutung der Eigentümerstellung.

Fehler Nr. 111***

(§ 929 BGB)

»A könnte gegen B einen Anspruch auf Übereignung des Fahrrads gemäß § 929 BGB haben.«

Die Vorschrift des § 929 BGB enthält keine Anspruchsgrundlage für die Übertragung des Eigentums. Sie besagt vielmehr, wie der Anspruch auf Übertragung des Eigentums an einem Grundstück erfüllt wird. Die Vorschrift regelt also gleichsam nicht das »Ob«, sondern das »Wie« der Übereignung beweglicher Sachen. Der Anspruch auf Übereignung einer beweglichen Sache folgt – genauso wie bei Grundstücken – aus § 433 Abs. 1 S. 1 BGB bzw. aus § 516 Abs. 1 BGB bzw. den entsprechenden vertraglichen Abreden oder auch aus § 2174 BGB.

Fehler Nr. 112*

(§ 929 BGB)

»Das Eigentum an dem Pkw könnte nach § 929 BGB übereignet worden sein.«

Ein unschöner Formulierungsfehler. Eigentum wird nicht übereignet, sondern übertragen. Übereignet wird ausschließlich die Sache selbst.

Fehler Nr. 113*

(§ 929 BGB)

»A hat den unter Eigentumsvorbehalt verkauften Pkw nicht nach §§ 929 ff. BGB an B übereignet. A ist damit Eigentümer geblieben.«

Das ist zu vorschnell. In Fällen des Verkaufs unter Eigentumsvorbehalt kommt auch eine Übertragung des Anwartschaftsrechts analog §§ 929 ff. BGB infrage. Dieses könnte sodann durch Zahlung des Kaufpreises zum Vollrecht erstarkt sein. Oftmals macht man sich wesentliche Teile seiner Klausur kaputt, wenn man diese Möglichkeit nicht bedenkt und sie tatsächlich einschlägig ist.

Fehler Nr. 114**

(§ 932 BGB)

»A kann dem B das Eigentum an der Ware nicht nach § 929 BGB übertragen haben. Denn A war nicht Eigentümer der Ware. In Betracht kommt jedoch ein gutgläubiger Erwerb nach § 932 BGB. Zwar wusste B, dass A nicht Eigentümer der Ware war. Er ging jedoch davon aus, dass A die unter Eigentumsvorbehalt gekaufte Ware ohne Weiteres weiterveräußern durfte. B war demnach gutgläubig im Sinne von § 932 BGB.«

Ein gutgläubiger Eigentumserwerb nach §§ 929, 932 BGB setzt den guten Glauben des Erwerbers an die Eigentümerstellung des Veräußerers voraus. Wenn der Erwerber weiß, dass der Veräußerer nicht Eigentümer der zu veräußernden Sache ist, dann kommt ein gutgläubiger Erwerb nach §§ 929, 932 BGB nicht infrage.

Daran ändert auch der gute Glaube des Erwerbers an die Verfügungsbefugnis des Veräußerers nichts, denn dieser wird nicht von § 932 BGB geschützt. Insoweit ist die Sondervorschrift des § 366 Abs. 1 HGB anwendbar. Dazu muss jedoch der Veräußerer ein Kaufmann im Sinne von §§ 1 ff. HGB sein. Fehlt ihm diese Eigenschaft, so hilft auch der gute Glaube des Erwerbers an die Kaufmannseigenschaft des Veräußerers und dessen Verfügungsbefugnis nicht weiter.

Fehler Nr. 115**

(§ 935 BGB)

»Der gutgläubige Erwerb ist jedoch ausgeschlossen, weil der Geldschein nach § 935 Abs. 1 S. 1 BGB abhanden gekommen ist.«

Daran ist gut, dass der Bearbeiter immerhin an den Ausschluss des gutgläubigen Erwerbs gemäß § 935 Abs. 1 S. 1 BGB gedacht hat. Allerdings gilt dieser Ausschluss nach § 935 Abs. 2 BGB nicht für Geld. Ein gutgläubiger Erwerb abhandengekommenen Geldes ist also ohne Weiteres möglich.

Fehler Nr. 116*

(§ 985 BGB)

»A könnte gegen B einen Herausgabeanspruch in Bezug auf den Pkw aus § 985 BGB haben. Dazu müsste der Pkw eine Sache im Sinne von § 90 BGB sein.«

Inhaltlich enthält dieser Satz keinen Fehler. Er ist jedoch in zahlreichen Klausuren der Beginn einer mangelhaften

Schwerpunktsetzung, denn dass man definieren und subsumieren muss, um herauszufinden, dass ein Auto eine Sache ist, ist höchst zweifelhaft. Wenn die Sacheigenschaft für jedermann evident ist, ist diese in höchstens einem Satz festzustellen und allenfalls kurz zu begründen. Etwa: »Das Auto ist wegen seiner körperlichen Beschaffenheit eine Sache im Sinne von § 90 BGB.« Nur bei Körperteilen, Implantaten, Leichen, Flüssigkeiten, Gas, Elektrizität und Daten ist eine nähere Prüfung im Gutachtenstil angezeigt.

Fehler Nr. 117***

(§ 985 BGB)

»Der Anspruch aus § 985 BGB setzt das Eigentum des Anspruchstellers A voraus. Ursprünglich war B Eigentümer. A könnte das Eigentum an dem Pkw aber gemäß § 433 BGB erworben haben.«

Die Vorschrift des § 433 BGB hat mit der Eigentumslage nichts zu tun. Insbesondere kann das Eigentum nicht gemäß § 433 BGB übertragen werden (Trennungs- und Abstraktionsprinzip). Erforderlich ist ein auf dinglicher Ebene wirkendes Rechtsgeschäft oder ein Eigentumserwerb kraft Gesetzes.

Die Frage, ob ein Kaufvertrag vorliegt, darf beim Vindikationsanspruch aus §§ 985, 986 BGB nur beim Prüfungspunkt »kein Recht zum Besitz« erörtert werden.

Fehler Nr. 118***

(§ 985 BGB)

»Der Anspruch des A aus § 985 BGB ist jedoch nach § 275 Abs. 1 BGB ausgeschlossen, weil B die Sache verloren hat und sie deshalb nicht mehr herausgeben kann.«

Das ist widersprüchlich. Wenn B die Sache verloren hat, ist er nicht mehr ihr Besitzer. Dann kann aber ein Herausgabeanspruch gegen ihn aus § 985 BGB schon in Betracht kommen. Der Anspruch ist nicht etwa nach § 275 Abs. 1 BGB wegen Unmöglichkeit ausgeschlossen. Es fehlt vielmehr bereits an einer Vindikationslage.

Fehler Nr. 119**

(§ 985 BGB)

»Die Durchsetzbarkeit des Herausgabeanspruchs könnte jedoch nach § 986 Abs. 1 BGB gehemmt sein.«

Entgegen dem für eine Einrede typischen Wortlaut (»kann verweigern«) enthält § 986 Abs. 1 S. 1 BGB keine Einrede, sondern eine von Amts wegen zu prüfende Einwendung. Der Anspruch ist ausgeschlossen, wenn der besitzende Anspruchsgegner ein Recht zum Besitz hat.

Fehler Nr. 120*

(§ 985 BGB)

»Ein Anspruch auf Herausgabe des Grundstücks aus §§ 985, 986 BGB kommt nicht infrage, weil diese Anspruchsgrundlage nur für bewegliche Sachen gilt.«

Das ist falsch. Der Vindikationsanspruch gilt bei unbeweglichen Sachen genauso wie bei beweglichen.

Fehler Nr. 121***

(§ 989 BGB)

»In Betracht kommt ein Schadensersatzanspruch des A gegen B aus §§ 989, 990 BGB. Voraussetzung dafür ist eine Vindikationslage. Eine solche liegt jedoch nicht vor, da B die Sache mittlerweile verloren hat.«

Ein sehr häufiger und schwerwiegender Fehler. Die Begründung für die Verneinung des Schadensersatzanspruchs führt die Regelung des § 989 BGB ad absurdum. Denn es ist gerade Sinn und Zweck des § 989 BGB, dem Eigentümer einer Sache, die nicht mehr oder nur noch verschlechtert herausgegeben werden kann, für diesen Verlust einen Schadensersatzanspruch zu gewähren. Würde man den Anspruch immer dann mangels Vindikationslage verneinen, wenn der Schuldner die Sache nicht mehr besitzt, so wäre diese Anspruchsgrundlage völlig sinn- und funktionslos. Daher kommt es nicht darauf an, ob im Moment der Geltendmachung des Anspruchs eine Vindikationslage besteht. Entscheidend ist, ob im Moment der Verschlechterung bzw. des Verlustes der Sache eine Vindikationslage bestanden hat. Ist dies der Fall, so genügt das für das Bestehen eines Schadensersatzanspruches aus §§ 989, 990 BGB.

Fehler Nr. 122***

(§ 993 BGB)

»Ein Schadensersatzanspruch des A gegen B aus §§ 989, 990 BGB ist gegeben. Womöglich hat A auch einen Schadensersatzanspruch aus § 823 Abs. 1 BGB.«

Nein, das ist nicht möglich. Denn § 993 Abs. 1 HS. 2 BGB sperrt zum Schutz des redlichen Besitzers im Anwendungsbereich der §§ 987 ff. sämtliche andere Nutzungs- und Schadensersatzansprüche.

Fehler Nr. 123***

(§ 1004 BGB)

»Der Beseitigungsanspruch des A aus § 1004 BGB setzt außerdem das Verschulden des B voraus.«

Der Beseitigungsanspruch des § 1004 BGB besteht verschuldensunabhängig. Ein Verschuldenserfordernis gibt es im BGB grundsätzlich nur bei Schadensersatzansprüchen. Einen solchen enthält aber § 1004 BGB nicht. Dies muss auch bei der Reichweite der Beseitigungspflicht beachtet werden. Der Anspruch darf gerade wegen des fehlenden Verschuldenserfordernisses nicht von einem Beseitigungsanspruch auf einen Anspruch auf Wiederherstellung eines früheren Zustands (Naturalrestitution im Sinne von § 249 Abs. 1 BGB) erweitert werden.

Fehler Nr. 124*

(§ 1147 BGB)

»A könnte gegen B einen Anspruch auf Zwangsvollstreckung aus § 1147 BGB haben.«

Ein solcher Anspruch existiert nicht und er wäre auch völlig unsinnig. Wenn der Gläubiger gegen seinen Schuldner einen Anspruch auf Zwangsvollstreckung geltend machen müsste, wäre das etwas zu viel des Guten für den Schuldner bzw. zu wenig des Rechtsschutzes für den Gläubiger.

Der Gläubiger macht einen Anspruch auf eine Leistung geltend und kann diesen Anspruch – sobald er einen Vollstreckungstitel hat – dann auch ohne Weiteres vollstrecken. Er muss nicht zuvor noch einen Anspruch auf Zwangsvollstreckung geltend machen, einklagen und diesen dann vollstrecken, bevor er den eigentlichen Anspruch vollstrecken kann.

Gemeint ist hier ein Anspruch auf Duldung der Zwangsvollstreckung.

Fehler Nr. 125***

(§ 1192 BGB)

»Aufgrund der Abtretung des Anspruchs an B geht nach §§ 1192, 1153 Abs. 1 BGB auch die Grundschuld auf B über.«

Die Grundschuld ist anders als die Hypothek kein akzessorisches Sicherungsmittel. Daher geht mit der Abtretung der gesicherten Forderung die Grundschuld nicht »automatisch« auf den neuen Gläubiger über. Da sich Grundschuld und Hypothek gerade im

Hinblick auf die Akzessorietät grundlegend voneinander unterscheiden, stellt es einen echten Grundlagenfehler dar, die Grundschuld als akzessorisches Sicherungsmittel zu behandeln.

Fehler Nr. 126**

(§ 1204 BGB)

»Das Eigentum an der Uhr könnte dadurch auf B übergegangen sein, dass A dem B die Uhr nach § 1204 BGB verpfändet hat.«

Das ist völlig abwegig. Zwar wird die dingliche Rechtslage durch die Bestellung eines Pfandrechts geändert, weil das Eigentum mit einem Pfandrecht einer anderen Person (in der Regel ein Nichteigentümer, vgl. § 1256 Abs. 1 BGB) belastet wird. Jedoch kann die Eigentümerstellung dadurch nicht wechseln.

Fehler Nr. 127*

(§ 1357 BGB)

»A hat gegen F keinen Anspruch auf Kaufpreiszahlung nach § 433 Abs. 2 BGB, da nicht F, sondern ihr Ehemann den Fernseher gekauft hat und dies ohne ihr Wissen geschah.«

Das kann richtig sein, aber geprüft werden muss in solchen Konstellationen unbedingt § 1357 Abs. 1 BGB. Demnach kann es durchaus sein, dass auch ein Ehegatte für solche Verbindlichkeiten haftet, die der andere Ehegatte begründet hat. Voraussetzung ist, dass es sich um Verbindlichkeiten aus einem Geschäft handelt, das zur Deckung des Lebensbedarfs der Familie geschlossen wurde (»Schlüsselgewaltgeschäft«). Nach § 1357

Abs. 1 S. 2 BGB kann der Anspruch dann grundsätzlich auch gegen denjenigen Ehegatten geltend gemacht werden, der das Geschäft gar nicht abgeschlossen hat. Auf die Kenntnis oder Unkenntnis des anderen Ehegatten von dem Geschäft kommt es dabei nicht an.

Fehler Nr. 128***

(§ 1369 BGB)

»Fraglich ist, ob die Verfügung gemäß §§ 1369 Abs. 1 und 3, 1366 Abs. 1 BGB unwirksam ist. Gemäß § 1369 Abs. 1 BGB kann ein Ehegatte über Haushaltsgegenstände nur mit Einwilligung des anderen Ehegatten verfügen.«

Auch dieses Problem kann in einer Klausur zu erörtern sein. Jedoch muss unbedingt vorher geprüft werden, ob die Regelungen in §§ 1369, 1366 BGB überhaupt anwendbar sind. Dies ist dann der Fall, wenn die Eheleute nach § 1363 BGB im Güterstand der Zugewinngemeinschaft leben. Dies wiederum ist dann nicht der Fall, wenn die Eheleute gemäß §§ 1414 oder 1415 BGB durch Ehevertrag (§ 1408 BGB) den Güterstand der Gütertrennung oder der Gütergemeinschaft wählen. In diesem Fall gelten die Vorschriften der §§ 1363 ff. BGB nicht. Würde man sie dennoch anwenden, wäre das ein gravierender Fehler.

Auch die häufig gebrauchte Vorschrift des § 1371 BGB setzt den Güterstand der Zugewinngemeinschaft voraus. Anders als bei §§ 1369, 1366 BGB ist dies jedoch auch schon aus dem Wortlaut der Vorschrift unmittelbar ersichtlich.

Fehler Nr. 129***

(§ 1922 BGB)

»E hat A als Erben eingesetzt. Dem B hat er seinen Porsche vererbt.«

Wenn E den A als Erben eingesetzt hat, hat er den Porsche nicht an B vererbt, sondern ihm lediglich ein entsprechendes Vermächtnis zukommen lassen (vgl. § 1939 BGB). Wegen des Grundsatzes der Universalsukzession (§ 1922 Abs. 1 BGB) können nicht einzelne Gegenstände vererbt werden, sondern nur das Vermögen als Ganzes. Freilich kann dieses Ganze an mehrere Personen aufgeteilt werden.

Der Unterschied zwischen »vererben« und »vermachen« ist nicht nur ein terminologischer und auch nicht ein quantitativer. Während beim Vererben das Vermögen unmittelbar vom Erblasser auf den Erben übergeht, begründet das Vermachen lediglich die Pflicht des Erben, dem Bedachten einen bestimmten Vermögensvorteil zukommen zu lassen. Es liegt also keine unmittelbare Vermögensübertragung vor. Bevor der Bedachte den Vermögensvorteil erhält, muss erst der Erbe entsprechend tätig werden.

Fehler Nr. 130***

(§ 1922 BGB)

»A hatte gegen B einen Anspruch auf Übereignung des Pkw aus einem Kaufvertrag nach § 433 Abs. 1 BGB. Dieser Anspruch ist aber durch den Tod des B erloschen.«

Das ist falsch, weil die Übereignung keine nur in Person zu erbringende Pflicht des B war (anders die Arbeitsleistung, vgl.

§ 613 S. 1 BGB). Die Übereignungspflicht ist infolge des Todes des B eine Pflicht seiner Erben geworden. Dies folgt nicht erst aus § 1967 BGB, sondern bereits aus dem Grundsatz der Universalsukzession, die den Übergang des gesamten Vermögens des Erben anordnet. Das Vermögen besteht aber nicht nur aus Aktiva, sondern auch aus Passiva, also insbesondere auch aus Verbindlichkeiten.

Wäre nicht B, sondern A gestorben, so wäre der Anspruch des A auf Übereignung ebenfalls nicht erloschen. Es würde sich dann um einen Anspruch seiner Erben handeln. Dies folgt wiederum aus § 1922 Abs. 1 BGB, wonach das ganze Vermögen – also auch sämtliche Forderungen – des Erblassers auf den Erben übergeht.

Fehler Nr. 131**

(§ 2067 BGB)

»E hat in seinem Testament ›seine Verwandten‹ als Erben eingesetzt. Fraglich ist, wen genau er damit gemeint hat. Nach der Auslegungsregel des § 2067 S. 1 BGB sind damit die gesetzlichen Erben bedacht.«

Hier wird der Erblasserwille letztlich nicht ausreichend beachtet und damit die verfassungsrechtlich verbürgte Privatautonomie durch eine verfehlte Rechtsanwendung eingeschränkt. Bevor nämlich auf eine der zahlreich vorhandenen Testamentsauslegungsregeln im 5. Buch des BGB rekurriert wird, muss zunächst im Wege der individuellen Auslegung nach § 133 BGB versucht werden, den wirklichen Willen des Erblassers zu ermitteln. Dafür können auch außerhalb der Testamentsurkunde gelegene

Umstände herangezogen werden. Jedenfalls muss der so ermittelte Wille des Erblassers im Testament aber zumindest angedeutet sein (»Andeutungstheorie«). Erst wenn eine solche Auslegung kein klares Ergebnis gebracht hat, wenn also begründete Zweifel daran bestehen, was der Erblasser wollte, sind die den Erblasserwillen typisierenden Auslegungsregeln des Erbrechts anwendbar.

Ein besonders klausurrelevanter Fall einer speziellen erbrechtlichen Auslegungsregel ist in § 2270 Abs. 2 BGB zu finden. Bevor eine Wechselbezüglichkeit nach dieser Regel angenommen werden darf, muss zunächst durch individuelle Auslegung nach § 133 BGB der wirkliche Wille der Ehegatten ermittelt werden.

Fehler Nr. 132*

(§ 2255 BGB)

»E hat sein Testament durch Zerreißen gemäß § 2255 S. 1 BGB wirksam widerrufen. Dass er dabei laut Sachverhalt bereits aufgrund eines Hirntumors nicht mehr im Besitz seiner geistigen Kräfte war, ist irrelevant.«

Das stimmt so nicht. Denn der Widerruf durch Vernichtung im Sinne von § 2255 BGB erfordert Testierfähigkeit. Dies ergibt sich zwar nicht aus dem Wortlaut des § 2255 BGB, jedoch ordnet § 2254 BGB an, dass der Widerruf eines Testaments selbst auch ein Testament ist und ein solches ist nur wirksam, wenn Testierfähigkeit gegeben ist.

Fehler Nr. 133*

(§ 615 BGB)

»A könnte gegen U einen Lohnzahlungsanspruch aus § 615 S. 1 BGB haben.«

Die Regelungen des § 615 S. 1 und S. 3 BGB sind keine selbstständigen Anspruchsgrundlagen. Der Anspruch auf das Arbeitsentgelt folgt aus § 611 Abs. 1 BGB bzw. unmittelbar aus dem Arbeitsvertrag. Wenn jedoch der Arbeitnehmer nicht arbeiten kann, weil der Arbeitgeber die Arbeitsleistung nicht annimmt, würde an sich gemäß § 326 Abs. 1 S. 1 BGB der Entgeltanspruch des Arbeitnehmers erlöschen, weil die Arbeitsleistung als Fixschuld nicht nachholbar ist (§ 275 Abs. 1 BGB). Durch § 615 S. 1 bzw. S. 3 BGB wird dieses Ergebnis aber verhindert und der Entgeltanspruch des Arbeitnehmers aufrechterhalten.

Fehler Nr. 134**

(§ 619a BGB)

»Der Arbeitgeber G könnte gegen den Arbeitnehmer A einen Anspruch auf Schadensersatz gemäß § 280 Abs. 1 BGB haben. Dabei wird das Vertretenmüssen des A nach § 280 Abs. 1 S. 2 BGB vermutet.«

Das stimmt nicht. Denn im Arbeitsrecht ist die Sondervorschrift des § 619a BGB zu beachten. Demnach wird die durch § 280 Abs. 1 S. 2 BGB umgekehrte Beweislast wieder umgekehrt, d. h., der Arbeitgeber hat zu beweisen, dass der Arbeitnehmer die Pflichtverletzung zu vertreten hat.

Fehler Nr. 135*

(§ 623 BGB)

»Die Kündigung könnte nach § 623 BGB unwirksam sein.«

Im Falle fehlender Schriftform ist die Formvorschrift des § 623 BGB verletzt. Die Rechtsfolge der Unwirksamkeit ergibt sich dann aber allein aus § 125 BGB.

Fehler Nr. 136***

(§§ 4, 7 KSchG)

»A hat die Klagefrist nach §§ 4, 7 KSchG versäumt. Die Kündigungsschutzklage ist damit unzulässig.«

Damit hat sich die Klausur in der Regel erledigt. § 4 KSchG enthält nämlich keine prozessuale Klagefrist, mit deren Ablauf die Klage unzulässig würde. Es handelt sich nicht um eine Sachurteilsvoraussetzung. Stattdessen liegt ein Fall der materiellen Präklusion vor. Das bedeutet, mit Ablauf der Frist ist die Klage gemäß § 7 KSchG unbegründet, weil die angegriffene Kündigung als rechtswirksam gilt. Mit der Fiktion der Wirksamkeit der Kündigung kann die Kündigungsschutzklage nur noch als unbegründet abgewiesen werden. Das Arbeitsgericht darf die Wirksamkeit der Kündigung nicht mehr prüfen, wenn das Gesetz anordnet, dass die Kündigung als wirksam zu behandeln ist.

Fehler Nr. 137*

(§ 2 ArbGG)

»Der Rechtsweg zu den Arbeitsgerichten müsste eröffnet sein.«

Warum nur zu den Arbeitsgerichten? Nach § 1 ArbGG gehören zur Gerichtsbarkeit in Arbeitssachen auch die Landesarbeitsgerichte und das Bundesarbeitsgericht. Der Rechtsweg führt auch zu diesen Instanzen. Daher muss im Obersatz formuliert werden: »Der Rechtsweg zu den Gerichten für Arbeitssachen müsste eröffnet sein.«

Fehler Nr. 138*

(§ 315 BGB)

»Die Weisung des Arbeitgebers U an seinen Arbeitnehmer A, wonach dieser aus der Gewerkschaft austreten muss, verstößt gegen die guten Sitten und ist daher nach § 315 Abs. 3 BGB unverbindlich.«

Diese Weisung ist nicht nur nach § 315 Abs. 3 S. 1 BGB unbillig, sie ist als Maßnahme zur Unterbindung der Koalitionsfreiheit wegen Verstoßes gegen Art. 9 Abs. 3 S. 2 GG rechtswidrig. Die durch Art. 9 Abs. 3 GG gewährleistete Koalitionsfreiheit gilt unmittelbar auch zwischen Privatrechtssubjekten. Die Lehre von der mittelbaren Drittwirkung ist nicht anwendbar. Daher muss sich der Arbeitnehmer in einer derartigen Konstellation nicht auf eine »grundrechtlich aufgeladene« zivilrechtliche Generalklausel berufen, um die Unverbindlichkeit der Weisung des Arbeitgebers zu begründen. Er kann sich unmittelbar auf Art. 9 Abs. 3 S. 2 GG berufen. Dies ist für ihn insbesondere deshalb vorteilhaft, weil er die Befolgung einer rechtswidrigen Weisung unmittelbar verweigern darf. Dies ergibt sich aus der Regelung des § 106 S. 1 GewO, gemäß der ein arbeitgeberseitiges Weisungsrecht nur innerhalb gesetzlicher Regelungen besteht. Ein Weisungsrecht jenseits gesetzlicher Grenzen existiert nicht. Der Arbeitnehmer kann eine solche Weisung ignorieren, ohne hierfür arbeitsrechtliche Sanktionen fürchten zu müssen. Wenn eine Weisung dagegen lediglich unbillig im Sinne von § 315 Abs. 3 BGB ist, muss der Arbeitnehmer sie nach herrschender Meinung zunächst befolgen und kann lediglich im Nachhinein arbeitsgerichtlich feststellen lassen, dass die Weisung unbillig und daher unverbindlich war.

Fehler Nr. 139***

(§ 342 ZPO)

»Der Einspruch gegen das Versäumnisurteil müsste auch begründet sein.«

Das ist der ZPO-Klassiker und er wiegt äußerst schwer. Der Einspruch gegen ein Versäumnisurteil muss nach § 342 ZPO lediglich zulässig sein, um seine Rechtswirkung zu erzeugen. Diese besteht darin, den Prozess in die Lage vor dem Versäumnis zurückzuversetzen. Eine Begründetheit des Einspruchs existiert nicht. Wenn der Einspruch zulässig ist, ist in der Klausur die Zulässigkeit und Begründetheit der Klage zu prüfen.

Fehler Nr. 140**

(§ 51 ZPO)

»Die X-GmbH ist partei- und prozessfähig.«

Eine GmbH ist parteifähig, weil sie rechtsfähig ist. Aber prozessfähig ist sie nicht. Sie ist auch dann nicht prozessfähig, wenn sie ordnungsgemäß vertreten wird. Juristische Personen und Personengesellschaften sind nie prozessfähig. Das ergibt sich aus § 52 Abs. 1 ZPO. Demnach ist eine Person insoweit prozessfähig, als sie sich durch Verträge verpflichten kann. Das Gesetz stellt auf die Fähigkeit ab, sich selbst durch Verträge zu verpflichten. Eine juristische Person oder Personengesellschaft kann sich nicht selbst durch Verträge verpflichten. Sie kann nur durch eine natürliche Person – insbesondere ihren gesetzlichen Vertreter – verpflichtet werden. Deshalb ist eine juristische Person genauso wie eine Personengesellschaft nie prozessfähig.[39] Die fehlende Prozessfähigkeit wird aber durch die gesetzliche Vertretung ausgeglichen. In der Klausur sollte daher geschrieben werden: »Die X-GmbH ist nicht prozessfähig, wird aber durch ihren Geschäftsführer gemäß § 35 Abs. 1 S. 1 GmbHG ordnungsgemäß vertreten.«

39 Thomas/Putzo, ZPO, § 52 Rn. 4.

Fehler Nr. 141**

(§ 78 ZPO)

»Die Zulässigkeit der Klage setzt die Postulationsfähigkeit des Klägers voraus.«

Das ist zu ungenau. Die Postulationsfähigkeit ist keine Voraussetzung dafür, dass die Klage zulässig ist. Sie ist zunächst Voraussetzung dafür, dass überhaupt eine ordnungsgemäße Klageerhebung im Sinne von § 253 Abs. 1 ZPO vorliegt. Wenn nämlich eine Klage vor dem Landgericht entgegen § 78 Abs. 1 S. 1 ZPO nicht durch einen Rechtsanwalt, sondern durch die Partei selbst erhoben wird, so ist diese Klageerhebung mangels Postulationsfähigkeit unwirksam. Die Klage ist schon nicht erhoben und kann daher auch nicht unzulässig sein. Wenn hingegen die Klage vor dem Landgericht durch einen Rechtsanwalt erhoben wird und dieser dann sein Mandat niederlegt, ohne dass ein anderer Rechtsanwalt das Mandat übernimmt, liegt zwar eine wirksame Klageerhebung vor, die Partei ist ab Niederlegung des Mandats durch den Rechtsanwalt aber nicht mehr ordnungsgemäß vertreten. Dennoch wird die Klage deshalb nicht als unzulässig abgewiesen. Es kann jedoch ein Versäumnisurteil nach § 330 ZPO ergehen, weil der nicht postulationsfähige Kläger in der mündlichen Verhandlung so zu behandeln ist, als wäre er nicht erschienen.

Fehler Nr. 142**

(§§ 12, 13 ZPO)

»Die örtliche Zuständigkeit für die Räumungsklage liegt am Wohnsitz der Beklagten gemäß §§ 12, 13 ZPO.«

Für Streitigkeiten über Ansprüche aus Miet- oder Pachtverhältnissen über Räume oder über das Bestehen solcher Verhältnisse ist nach § 29a Abs. 1 ZPO ausschließlich das Gericht zuständig, in dessen Bezirk sich die Räume befinden. Es handelt sich um einen ausschließlichen Gerichtsstand. Ein solcher geht einem besonderen und dem allgemeinen Gerichtsstand stets vor. In der Klausur darf daher keinesfalls für die Bestimmung der örtlichen Zuständigkeit auf den allgemeinen oder einen besonderen Gerichtsstand abgestellt werden, wenn es einen ausschließlichen gibt.

7.2 Übungsteil Zivilrecht

Aufgabe 1

Der eingetragene Kaufmann K erwirbt beim Gebrauchtwagenhändler G einen Sportwagen zu privaten Zwecken.

a) Wenn der Wagen defekt ist, gilt dann § 476 BGB zugunsten des K?
b) An welcher Stelle im Prüfungsaufbau ist diese Frage zu erörtern?
c) Muss K den Wagen gemäß § 377 HGB auf Mängel untersuchen?

Lösung:

a) § 476 BGB gilt, wenn es sich um einen Verbrauchsgüterkauf im Sinne von § 474 Abs. 1 BGB handelt. Dazu müsste K beim Kauf Verbraucher gewesen sein. Gemäß § 13 BGB ist Verbraucher eine natürliche Person, die ein Rechtsgeschäft zu Zwecken abschließt, die überwiegend weder ihrer gewerblichen noch ihrer selbstständigen beruflichen Tätigkeit zugerechnet werden können. Nach § 344 Abs. 1 HGB gelten die von einem Kaufmann vorgenommenen Rechtsgeschäfte im Zweifel als zum Betrieb seines Handelsgewerbes gehörig. K kauft den Sportwagen aber zu privaten Zwecken. Zweifel im Sinne von § 344 Abs. 1 HGB liegen nicht vor, sodass der Kauf nicht als zum Betrieb seines Handelsgewerbes gehörig anzusehen ist. Daher handelte K als Verbraucher. Es liegt somit ein Verbrauchsgüterkauf vor. Die Beweislastumkehr des § 476 BGB ist damit anwendbar.

b) Auf § 476 BGB kommt es bei der Prüfung von Gewährleistungsansprüchen nach § 437 BGB an und zwar bei der Untersuchung, ob ein Mangel im Sinne von § 434 BGB vorliegt. Entscheidend dafür ist der Zustand der Kaufsache bei Gefahrübergang. An dieser Stelle kommt es auf § 476 BGB an.

c) Die Untersuchungs- und Rügepflicht gilt nach § 377 Abs. 1 HGB nur, wenn der Kauf für beide Teile ein Handelsgeschäft ist. Da die Vermutung des § 344 Abs. 1 HGB hier widerlegt ist, ist der Kauf für K kein Handelsgeschäft. Er muss den Wagen daher nicht auf Mängel untersuchen.

Aufgabe 2

Der Minderjährige M erwirbt bei V ein Fahrrad für 50 Euro in bar. V hatte das Fahrrad zuvor dem X gestohlen. Den zur Zahlung verwendeten Geldschein hatte M zuvor dem Y gestohlen. Auf Nachfrage des V erklärt M, er sei schon längst volljährig. V glaubt ihm dies.

a) Wie viele Rechtsgeschäfte finden hier statt?
b) Wer ist nach dem Geschäft zwischen M und V Eigentümer des Fahrrads?
c) Kann X auf die Eigentumslage in irgendeiner Weise Einfluss nehmen?
d) Wer ist Eigentümer des Geldscheins?

Lösung:

a) Drei. Der Kaufvertrag ist ein Rechtsgeschäft. Die Übereignung des Fahrrads ist ein Rechtsgeschäft. Die Übereignung des Geldscheins ist ebenfalls ein Rechtsgeschäft. Unerheblich ist, inwieweit die Übereignungen die gewünschte Rechtswirkung tatsächlich herbeiführen.

b) Eigentümer ist nach wie vor X. Ein gutgläubiger Erwerb des Fahrrads durch M gemäß §§ 929 S. 1, 932 Abs. 1 BGB scheitert daran, dass das Fahrrad dem X gemäß § 935 Abs. 1 S. 1 BGB abhandengekommen ist.

c) X kann die Übereignung nach § 185 Abs. 2 S. 1 Alt. 1 BGB genehmigen. Die Übereignung gilt dann als von Anfang an wirksam (§ 184 Abs. 1 BGB). Dann wäre M neuer Eigentümer. Seine beschränkte Geschäftsfähigkeit steht dem nicht entgegen, da die Übereignung für ihn lediglich rechtlich vorteilhaft ist (§ 107 BGB). Die Genehmigung der Übereignung durch X ist für diesen insoweit vorteilhaft, als er dann gegen V einen Anspruch auf Herausgabe der 50 Euro gemäß § 816 Abs. 1 S. 1 BGB hat. Ob X die Genehmigung erteilen sollte, dürfte daher eine Frage des Preises sein.

d) Der Geldschein gehört aufgrund eines gutgläubigen Erwerbs gemäß §§ 929 S. 1, 932 Abs. 1 BGB dem V. Der Ausschluss des gutgläubigen Erwerbs bei abhandengekommenen Sachen gilt nach § 935 Abs. 2 BGB bei Geld nicht. Auch steht nicht die beschränkte Geschäftsfähigkeit des M entgegen. Denn die Hingabe des Geldes führt nicht dazu, dass er einen unmittelbaren Rechtsverlust erleidet. Er war zuvor lediglich unberechtigter Besitzer des Geldscheins. Das Eigentum daran hatte er nie inne. Die Übereignung ist daher für ihn rechtlich neutral. Rechtlich neutrale Rechtsgeschäfte kann ein Minderjähriger auch ohne Zustimmung seiner Eltern vornehmen. Es kommt nicht auf die ausschließliche Vorteilhaftigkeit des Rechtsgeschäfts im strengen Wortsinne des § 107 BGB an, sondern darauf, dass dem Minderjährigen keine Nachteile entstehen (teleologische Auslegung). Diese Auslegung wird auch durch die Regelung eines neutralen Rechtsgeschäfts in § 165 BGB gestützt. Rechtsgeschäfte, die ein Minderjähriger als Stellvertreter vornimmt, sind für ihn immer rechtlich neutral und werden vom Gesetzgeber in § 165 BGB ausdrücklich als wirksam angesehen.

Aufgabe 3
V verkauft K einen Gebrauchtwagen und gibt an, dieser verbrauche nur 5 Liter auf 100 Kilometer. In Wahrheit verbraucht der Wagen 8 Liter auf 100 Kilometer. Es ist nicht nachweisbar, dass V den wahren Verbrauch gekannt hat. Ist der Vertrag für V oder für K anfechtbar?

Lösung:
In Betracht kommt zunächst eine Anfechtung wegen arglistiger Täuschung gemäß § 123 Abs. 1 BGB durch K. Da K aber die Beweislast für das Vorliegen der Voraussetzungen des § 123 Abs. 1 BGB trägt und nicht nachweisbar ist, dass V den wahren Verbrauch gekannt hat, scheidet eine Anfechtung nach § 123 Abs. 1 BGB aus.

In Betracht kommt weiter eine Anfechtung wegen Eigenschaftsirrtums gemäß § 119 Abs. 2 BGB durch K. Damit würden aber die speziell in § 437 BGB geregelten Mängelrechte des Käufers durch eine Regelung aus dem Allgemeinen Teil des BGB unterlaufen. Z. B. gelten für Ansprüche aus § 437 BGB andere Verjährungsvorschriften als für den sich aus einer erfolgreichen Anfechtung ergebenden Herausgabe- bzw. Zahlungsanspruch aus §§ 812 Abs. 1 S. 1 Alt. 1, 818 Abs. 2 BGB. Um dies zu vermeiden, ist davon auszugehen, dass im Anwendungsbereich des § 437 BGB die Anfechtung nach § 119 Abs. 2 BGB gesperrt ist. Da hier ein Sachmangel nach § 434 Abs. 1 S. 1 BGB gegeben ist, kann K den Kaufvertrag daher nicht anfechten.

Auch für V kommt eine Anfechtung nach § 119 Abs. 2 BGB an sich schon in Betracht, wenn er den tatsächlichen Kraftstoffverbrauch nicht gekannt hat und diese Unkenntnis nachweisen kann. Allerdings muss die Sperre des § 119 Abs. 2 BGB durch die Gewährleistungsvorschrift des § 437 BGB erst recht auch für den Verkäufer gelten, denn sonst könnte dieser sich den Gewährleistungsansprüchen des Käufers stets durch eine Anfechtung des Kaufvertrags entziehen.

Aufgabe 4

M mietet von V eine Wohnung. Entsprechend der vertraglichen Vereinbarung möchte M dem V einen Bürgen für Verbindlichkeiten aus dem Mietvertrag bestellen und überredet daher den B, für ihn zu bürgen. B ist einverstanden und unterzeichnet am 01.07.2015 eine von V erstellte schriftliche Bürgschaftserklärung. Diese faxt M dem V. Da das Faxgerät des V einen Defekt hat, ist der Ausdruck nicht gut lesbar. V bittet daher den B am 03.07.2015 telefonisch, ihm die Bürgschaftsübernahme schriftlich zu bestätigen. B schickt daraufhin sofort per Post eine unterschriebene Erklärung mit dem folgenden Wortlaut an V: »Ich habe am 01.07.2015 eine Bürgschaft für die Verbindlichkeiten des M aus dem Mietvertrag mit Ihnen übernommen.« Als M seine Miete nicht mehr zahlt, will V den B in Anspruch nehmen. Zu Recht?

Lösung:

Anspruchsgrundlage ist § 765 Abs. 1 BGB. Voraussetzung ist aber nach § 766 S. 1 BGB, dass die Bürgschaftserklärung dem V schriftlich erteilt wurde. Für eine Anwendbarkeit der Formerleichterung des § 350 HGB bestehen keine Anhaltspunkte. Das Fax vom 01.07.2015 erfüllt die Formvorschrift des § 766 S. 1 BGB nicht, denn nicht die im Sinne von § 126 Abs. 1 BGB unterschriebene Bürgschaftsurkunde wurde dem V erteilt, sondern lediglich eine Faxkopie. Zwar existiert eine schriftliche Bürgschaftsurkunde, diese wurde dem V aber nicht im Sinne von § 766 BGB erteilt, also in den Besitz des V gebracht. Auch die am 03.07.2015 an V geschickte Erklärung ändert daran nichts. Denn diese Erklärung bewirkt nicht, dass dem V die schriftliche Bürgschaftsurkunde erteilt wird. Auch stellt die schriftliche Erklärung vom 03.07.2015 selbst keine neue Bürgschaftsurkunde dar. Es handelt sich bei ihr nämlich nicht um die Erklärung, eine Bürgschaft übernehmen zu wollen. Es handelt sich um die Erklärung, bereits eine Bürgschaft übernommen zu haben. Es liegt daher keine Willens-, sondern eine bloße Wissenserklärung vor. Dies genügt nicht für die Annahme einer neuen Bürgschaftserklärung.

Aufgabe 5

Wann und nach welchen Vorschriften verjährt ein Anspruch auf eine Kaufpreiszahlung, wenn der Vertrag am 01.01.2015 geschlossen wurde?

Lösung:

Für den Anspruch auf Kaufpreiszahlung gilt nicht die spezielle Verjährungsvorschrift des § 438 BGB, da diese nur auf Ansprüche aus § 437 BGB Anwendung findet. Der Anspruch auf Kaufpreiszahlung ergibt sich aber aus § 433 Abs. 2 BGB. Daher ist die Regelverjährung nach § 195 BGB einschlägig. Die Verjährung beginnt nach § 199 Abs. 1 BGB mit dem Ablauf des Jahres 2015. Sofern keine Hemmung oder Unterbrechung der Verjährung erfolgt, verjährt der Anspruch daher mit dem Ablauf des Jahres 2018, d. h. am 31.12.2018 um 24.00 Uhr.

Aufgabe 6

A hat gegen B einen Anspruch auf Lieferung eines Pkw und klagt diese Leistung ein. Im Prozess wendet B ein, der Kaufpreis sei noch nicht bezahlt worden. Dies trifft auch tatsächlich zu. Welches Urteil wird das Gericht fällen?

Lösung:

B hat die Einrede des nicht erfüllten Vertrags nach § 320 Abs. 1 BGB erhoben. Damit ist der Anspruch nicht erloschen, aber in seiner Durchsetzbarkeit gehemmt. Das Gericht wird die Klage daher nicht abweisen, sondern den B gemäß § 322 Abs. 1 BGB zur Lieferung des Pkw Zug um Zug gegen Zahlung des Kaufpreises verurteilen.

Aufgabe 7

Der Wagen des A blockiert die Einfahrt des B. Deshalb beauftragt B den Abschleppunternehmer U mit der Entfernung des Pkw. Kurz bevor U eintrifft, entfernt A seinen Pkw selbst. Welche Ansprüche haben die Beteiligten jeweils gegeneinander?

Lösung:
U könnte gegen B einen Anspruch auf Werklohnzahlung gemäß §§ 631 Abs. 1, 632 Abs. 1 BGB haben. Der Abschleppvertrag stellt einen Werkvertrag dar. Dem Anspruch könnte jedoch § 326 Abs. 1 S. 1 BGB entgegenstehen. Denn U kann den Wagen nicht mehr abschleppen, da A ihn selbst entfernt hat. Dies stellt keinen Fall der Erfüllung, sondern der Unmöglichkeit nach § 275 Abs. 1 BGB dar. Denn geschuldete Leistung war die Entfernung durch ein Handeln des U (Herbeiführung des Leistungserfolgs durch vertragsgemäßes Verhalten des Schuldners). Da B nicht für die Unmöglichkeit des Abschleppens verantwortlich ist und auch kein Annahmeverzug vorliegt, ist die Anspruchserhaltungsnorm des § 326 Abs. 2 S. 1 BGB hier nicht anwendbar. Der Anspruch ist also erloschen.

U hat gegen B aber einen Anspruch auf einen Teil der Vergütung bzw. Auslagenersatz (Anfahrtskosten) analog § 645 Abs. 1 S. 1 BGB. Die Vorschrift gilt unmittelbar nur für den Fall, dass der Werkunternehmer das geschuldete Werk nicht ausführen kann, weil der Stoff, an dem er es ausführen soll, mangelhaft ist, ohne dass dies dem Werkunternehmer vorgeworfen werden kann. Der Grundgedanke des § 645 Abs. 1 BGB, wonach der Werkunternehmer keine Einbußen für das Scheitern des Werks aus Gründen aus der Sphäre des Bestellers erleiden soll, gilt auch in diesem Fall. Der abzuschleppende Pkw lag in der Sphäre des B. Dass dieser nicht mehr vorhanden und das Werk somit nicht mehr ausgeführt werden kann, darf nicht dem U zur Last fallen.

Ersatzansprüche des B gegen A in Höhe des an U zu zahlenden Betrags ergeben sich aus §§ 677, 683, 670 BGB sowie aus § 823 Abs. 2 in Verbindung mit § 858 BGB.

Aufgabe 8

Ist § 275 Abs. 3 BGB unter dem Prüfungspunkt »Anspruch erloschen« oder unter »Anspruch durchsetzbar« zu prüfen?

Lösung:

Es handelt sich um eine Einrede, da eine ausdrückliche Geltendmachung nötig ist und keine Berücksichtigung von Amts wegen erfolgt. Jedoch führt die Erhebung der Einrede nicht nur dazu, dass die Durchsetzbarkeit des Anspruchs gehemmt wird, sondern zu einem Erlöschen des Anspruchs. Daher ist § 275 Abs. 3 BGB bei »Anspruch erloschen« zu prüfen.

Aufgabe 9

Wie verhalten sich die Regelungen des § 278 BGB und des § 831 BGB zueinander? Welche Gemeinsamkeiten und Unterschiede gibt es?

Lösung:

§ 831 BGB enthält eine Anspruchsgrundlage. § 278 BGB regelt dagegen die Zurechnung eines fremden Verschuldens bei Ansprüchen aus § 280 BGB und stellt keine Anspruchsgrundlage dar. § 831 BGB setzt einen Verrichtungsgehilfen voraus, während § 278 BGB sich auf den Erfüllungsgehilfen bezieht. Die einzige Gemeinsamkeit der beiden Vorschriften besteht darin, dass das Fehlverhalten eines Dritten vorausgesetzt wird, um einen Schadensersatzanspruch gegen den Geschäftsherrn bzw. Vertragspartner zu begründen.

Aufgabe 10

Wenn sich aus dem Sachverhalt nichts über Vorsatz oder Fahrlässigkeit des Schädigers ableiten lässt, hat dieser dann die Pflichtverletzung nach § 280 BGB zu vertreten oder nicht? Ist dies unter Umständen von der Art des Schuldverhältnisses abhängig?

Lösung:

Nach § 280 Abs. 1 S. 2 BGB wird das Vertretenmüssen vermutet. Wenn sich aus dem Sachverhalt also keine Anhaltspunkte für Vorsatz oder Fahrlässigkeit ergeben, muss wegen der gesetzlichen Vermutung dennoch davon ausgegangen werden, dass der Schuldner die Pflichtverletzung zu vertreten hat. Bei Arbeitsverhältnissen gilt nach § 619a BGB jedoch die Vermutung des § 280 Abs. 1 S. 2 BGB nicht. Wenn der Sachverhalt also keine positive Aussage zum Verschulden des Arbeitnehmers trifft, kann nicht von einem Vertretenmüssen ausgegangen werden.

Aufgabe 11

Wie verhalten sich die Ansprüche aus §§ 280 Abs. 1 und 3, 241 Abs. 2 BGB einerseits und §§ 280 Abs. 1 und 3, 282 BGB zueinander?

Lösung:

Beide Ansprüche setzen die Verletzung einer Nebenpflicht im Sinne von § 241 Abs. 2 BGB voraus. Bei §§ 280 Abs. 1, 241 Abs. 2 BGB führt diese zum Ersatz des Integritätsschadens (negatives

Interesse). Bei §§ 280 Abs. 1 und 3, 282 BGB muss jedoch das Äquivalenzinteresse (positives Interesse) ersetzt werden.

Aufgabe 12

Wie verhalten sich die Ansprüche aus §§ 280 Abs. 1 und 3, 281 BGB einerseits und §§ 280 Abs. 1 und 3, 283 BGB zueinander?

Lösung:

Beide sind auf das positive Interesse gerichtet. Der Anspruch aus §§ 280 Abs. 1 und 3, 283 BGB regelt den Sonderfall, dass die Leistung wegen Unmöglichkeit gar nicht erbracht wird. §§ 280 Abs. 1 und 3, 281 BGB gilt für den Fall, dass die Leistung entweder aus anderen Gründen als Unmöglichkeit gar nicht (Nichtleistung) oder dass sie nicht wie geschuldet erbracht wird (Schlechtleistung).

Aufgabe 13

Kann man gegen denselben Schuldner zugleich Ansprüche wegen Verzugs und wegen Unmöglichkeit wegen derselben Pflichtverletzung haben?

Lösung:

Verzug wird durch Unmöglichkeit ausgeschlossen. Denn Verzug setzt eine geschuldete Leistung voraus. Eine unmögliche Leistung ist aber nicht geschuldet. Es kann daher nicht sein, dass ein und derselbe Schaden nach §§ 280 Abs. 1 und 2, 286 BGB und nach

§§ 280 Abs. 1 und 3, 283 BGB ersetzt verlangt werden kann. Es kann jedoch durchaus vorkommen, dass ein Schuldner mit der Leistung zunächst in Verzug gerät und dem Gläubiger dadurch ein Schaden entsteht und die geschuldete Leistung sodann unmöglich wird und durch das endgültige Ausbleiben der Leistung dem Gläubiger ein weiterer Schaden entsteht. Für den während des Verzugs entstandenen Schaden ist dann §§ 280 Abs. 1 und 2, 286 BGB die richtige Anspruchsgrundlage. Der infolge des endgültigen Ausbleibens der Leistung entstandene Schaden ist hingegen nach §§ 280 Abs. 1 und 3, 283 BGB zu ersetzen.

Aufgabe 14

Welche Rechtsfolge knüpft sich an das Verlangen nach Schadensersatz statt der Leistung gemäß §§ 280 Abs. 1 und 3, 281 BGB? Warum ist dies beim Anspruch aus §§ 280 Abs. 1 und 3, 283 BGB anders?

Lösung:

Wenn der Gläubiger Schadensersatz statt der Leistung gemäß §§ 280 Abs. 1 und 3, 281 BGB verlangt, erlischt nach § 281 Abs. 4 BGB der Anspruch auf die Leistung. Beim Anspruch aus §§ 280 Abs. 1 und 2, 283 BGB ist dies deshalb nicht der Fall, weil der Anspruch bereits zuvor nach § 275 BGB erloschen ist.

Aufgabe 15

Welche Folgen knüpfen sich an den Verzug des Schuldners und welche an den Verzug des Gläubigers?

Lösung:
Der Verzug des Schuldners begründet Schadensersatzansprüche nach §§ 280 Abs. 1 und 2, 286 BGB. Außerdem haftet der Schuldner gemäß § 287 BGB für jede Fahrlässigkeit sowie für Zufall, d. h., seine Haftung setzt weder Vorsatz noch Fahrlässigkeit voraus.

Der Verzug des Gläubigers ist in verschiedenen Vorschriften geregelt. Zum Beispiel wird ein nach § 326 Abs. 1 BGB an sich erlöschender Anspruch nach § 326 Abs. 2 S. 1 BGB im Falle des Gläubigerverzugs aufrechterhalten. Nach § 300 Abs. 1 BGB haftet der Schuldner bei Gläubigerverzug nur noch für vorsätzliches und grob fahrlässiges Verhalten. Nach § 300 Abs. 2 BGB geht die Gefahr bei einer Gattungsschuld auf den Gläubiger über, wenn sich dieser im Verzug befindet. Weitere Folgen sehen §§ 302 bis 304 BGB vor. Schadensersatzansprüche zieht der Gläubigerverzug als solcher jedoch nicht nach sich.

Aufgabe 16
Welche Bedeutung hat § 286 Abs. 4 BGB im Verhältnis zu § 280 Abs. 1 S. 2 BGB?

Lösung:
Zum einen setzt die Anwendung des § 287 BGB Verzug voraus. Um diesen zu begründen, bedarf es eines Vertretenmüssens. Dieses regelt § 286 Abs. 4 BGB. § 280 Abs. 1 S. 2 BGB gilt nicht für § 287 BGB.

Zum anderen konkretisiert § 286 Abs. 4 BGB die Regelung in § 280 Abs. 1 S. 2 BGB in zeitlicher Hinsicht. Nach § 280 Abs. 1 S. 2 BGB kommt es für das Vertretenmüssen auf den Zeitpunkt der Pflichtverletzung an. Nach § 286 Abs. 4 BGB kommt es auf den Zeitpunkt an, in dem alle Voraussetzungen des Verzugs vorliegen (insbesondere die der Mahnung).

Aufgabe 17

A verkauft B am Morgen des 03.07.2015 sein Fahrrad für 200 Euro. Dieses hat er tags zuvor am Hauptbahnhof unverschlossen abgestellt. Als B das Fahrrad am Abend des 03.07.2015 dort abholen will, ist es nicht mehr da, weil es von einem Unbekannten zehn Minuten vorher entwendet wurde. B hätte das Fahrrad für 300 Euro weiterverkaufen können. Hat B gegen A einen Anspruch auf Schadensersatz? Wie wäre es, wenn das Fahrrad bereits am 02.07.2015 entwendet worden wäre?

Lösung:

Im Ausgangsfall ist Anspruchsgrundlage §§ 280 Abs. 1 und 3, 283 BGB, da es sich um einen Fall nachträglicher Unmöglichkeit handelt, denn das Fahrrad wurde nach Vertragsschluss gestohlen. Das Vertretenmüssen nach § 280 Abs. 1 S. 2 BGB ist gegeben, da A nach Vertragsschluss nicht dafür gesorgt hat, dass das Fahrrad diebstahlsicher verwahrt wird. Der Schaden beläuft sich gemäß § 249 Abs. 1 BGB auf 300 Euro, wenn B nicht nach §§ 346 Abs. 1, 326 Abs. 5 BGB vom Kaufvertrag zurücktritt und daher die gezahlten 200 Euro zurückverlangt. Ansonsten beläuft sich der Schaden auf 100 Euro (§§ 249 Abs. 1, 252 BGB).

In der Fallvariante ist Anspruchsgrundlage § 311a Abs. 2 BGB. Es handelt sich um einen Fall anfänglicher Unmöglichkeit, da das Fahrrad bereits vor Vertragsschluss gestohlen wurde. Das Vertretenmüssen nach § 311a Abs. 2 S. 2 BGB ist gegeben, da A sich nicht davon überzeugt hat, dass das Fahrrad noch vorhanden ist, er also einen Vertrag geschlossen hat, ohne zu wissen, ob er überhaupt leistungsfähig ist. Hinsichtlich des Schadens ergeben sich keine Unterschiede zum Ausgangsfall.

Aufgabe 18

Worin besteht der Unterschied zwischen einem relativen und einem absoluten Fixgeschäft?

Lösung:

Das relative Fixgeschäft behandelt § 323 Abs. 2 Nr. 2 BGB. Wenn ein solches vorliegt, kann der Gläubiger ohne Fristsetzung vom Vertrag zurücktreten.

Das absolute Fixgeschäft ist gesetzlich nicht geregelt. Es liegt vor, wenn die Einhaltung der Leistungszeit nach dem Zweck des Vertrages und der gegebenen Interessenlage für den Gläubiger derart wesentlich ist, dass eine verspätete Leistung nicht mehr als geschuldet angesehen werden kann.[40] In diesen Fällen führt der Zeitablauf nicht etwa zum Verzug, sondern zur Unmöglichkeit der Leistung gemäß § 275 Abs. 1 BGB.

40 Palandt/Grüneberg, BGB, § 271 Rn. 17.

Aufgabe 19
Wie verhält sich die Regelung des § 323 Abs. 1 BGB zu der Regelung in § 326 Abs. 5 BGB?

Lösung:
Genauso wie §§ 280 Abs. 1 und 3, 281 BGB zu §§ 280 Abs. 1 und 3, 283 BGB. Der Rücktrittsgrund des § 326 Abs. 5 BGB gilt für den Sonderfall, dass die Leistung wegen Unmöglichkeit nicht erbracht wird. § 323 BGB gilt dagegen für alle anderen Fälle.

Aufgabe 20
Wie verhält sich die Regelung des § 326 Abs. 1 BGB zu der Regelung in § 326 Abs. 5 BGB?

Lösung:
Nach § 326 Abs. 1 S. 1 BGB entfällt der Anspruch auf die Gegenleistung, wenn die Leistung unmöglich ist. Es bedarf keiner Rücktrittserklärung. Nach § 326 Abs. 5 BGB kann der Gläubiger in solchen Fällen aber auch zurücktreten. Der wesentliche Unterschied zwischen den beiden Regelungen ist, dass ein Rücktritt auch in den Fällen möglich ist, in denen § 326 Abs. 1 S. 2 BGB den Wegfall der Gegenleistung kraft Gesetzes ausschließt.

Aufgabe 21
K kauft bei V eine Maschine, die der P hergestellt hat. Die Maschine explodiert aufgrund eines Fabrikationsfehlers und ver-

letzt K. Diesem entstehen Heilungskosten in Höhe von 10.000 Euro. V verweigert die Schadensersatzzahlung. Er meint, K müsse sich an P halten, da es sich um einen Herstellerfehler handelt. Wie ist die Rechtslage?

Lösung:
K kann sein Schadensersatzverlangen nach § 437 Nr. 3 BGB gegen V richten und zusätzlich gemäß § 1 ProdHaftG oder § 823 Abs. 1 BGB gegen P vorgehen. Es handelt sich um einen Fall der Gesamtschuld nach § 421 BGB. Dies hat zur Folge, dass K und P untereinander nach § 426 Abs. 2 BGB haften.

Aufgabe 22
In welchen Fällen ist § 437 BGB in der Anspruchsgrundlage zu zitieren?

Lösung:
In allen Fällen, in denen es bereits zum Gefahrübergang nach § 446 BGB gekommen ist und Ansprüche wegen eines Mangels geltend gemacht werden.

Aufgabe 23
Welche Folgen knüpfen sich an ein arglistiges Verschweigen eines Mangels durch den Verkäufer?

Lösung:
Der den Mangel arglistig verschweigende Verkäufer kann sich nach § 444 BGB nicht auf einen Haftungsausschluss berufen. Nach § 438 Abs. 3 BGB gilt die Regelverjährung des § 195 BGB. Und es liegen besondere Umstände im Sinne von § 323 Abs. 2 Nr. 3 BGB vor, sodass ein Rücktritt ohne Fristsetzung zur Nacherfüllung erfolgen kann.

Aufgabe 24
Welche Gefahr meint § 446 BGB und welche Rechtsfolgen knüpfen sich an den Gefahrübergang?

Lösung:
Gemeint sind die Sachgefahr und die Vergütungsgefahr. Sachgefahr ist das Risiko der Verschlechterung der Sache. Vergütungsgefahr ist das Risiko, trotz Verschlechterung der Sache den Kaufpreis entrichten zu müssen. Sobald der Käufer die Sache übergeben bekommen hat, trägt dieser beide Gefahren. Dies gilt auch dann, wenn das Eigentum mit der Übergabe noch nicht auf den Käufer übertragen wurde. Er hat die Sache infolge der Übergabe in seiner Obhut und kann auf sie einwirken. Daher ist es nur sachgerecht, dass er die damit verbundenen Risiken zu tragen hat.

Aufgabe 25
Wo im Aufbau muss eine AGB-Kontrolle durchgeführt werden?

Lösung:
Eine anspruchsbegründende AGB muss bei »Anspruch entstanden« geprüft werden. Eine anspruchsvernichtende AGB muss bei »Anspruch erloschen« geprüft werden. Eine anspruchshemmende AGB muss bei »Anspruch durchsetzbar« geprüft werden. Jeweils bedarf es dann an der jeweiligen Stelle der Durchführung einer AGB-Kontrolle nach Maßgabe der §§ 305 ff. BGB.

Aufgabe 26
Wo liegt der Unterschied zwischen einer Haftung des Vermieters für Mängel der Mietsache vor und nach Vertragsschluss?

Lösung:
Bei anfänglich vorhandenen Mietmängeln gilt nach § 536a Abs. 1 Alt. 1 BGB eine gesetzliche Garantiehaftung, d. h., der Vermieter haftet verschuldensunabhängig für Schäden. Bei Mängeln, die erst nach Vertragsschluss auftreten, kommt es darauf an, ob der Vermieter diese Mängel zu vertreten hat (§ 536a Abs. 1 Alt. 2 BGB).

Aufgabe 27
A stiehlt B einen 50-Euro-Schein und zahlt ihn auf sein Bankkonto ein. Hat B gegen A einen Herausgabeanspruch aus §§ 986, 986 BGB?

Lösung:
Nein, da A den Geldschein nicht mehr in seinem Besitz hat. B hat gegen A aber einen Anspruch auf Schadensersatz in Höhe von 50 Euro gemäß §§ 989, 990, 249 Abs. 1 BGB.

Aufgabe 28
Ist im Grundbuch immer der Grundstückseigentümer eingetragen?

Lösung:
Nein, die formelle Rechtslage (Inhalt des Grundbuchs) kann von der materiellen Rechtslage (tatsächliche Eigentumslage) abweichen. Für derartige Fälle gibt es den Grundbuchberichtigungsanspruch des § 894 BGB.

Aufgabe 29
Können Grundstücke gutgläubig erworben werden? Gibt es für den Eigentümer einen Weg, dies zu verhindern?

Lösung:
Ja, gemäß §§ 873, 892 Abs. 1 S. 1 BGB. Dies kann durch Eintragung eines Widerspruchs im Grundbuch gemäß § 899 Abs. 1 BGB verhindert werden. Ein solcher sperrt den gutgläubigen Erwerb.

Aufgabe 30

R schließt einen Reisevertrag mit U ab und bucht die Reise für sich und seine Frau F. Bei Durchführung der Reise bricht sich F infolge eines Reisemangels das Bein. Ein Verschulden des Reiseveranstalters ist jedoch nicht nachweisbar. Hat F dennoch einen durchsetzbaren Schadensersatzanspruch gegen U?

Lösung:

Anspruchsgrundlage ist § 651f Abs. 1 BGB. Zwar ist F nicht Reisende im Sinne dieser Vorschrift, da unter diesen Begriff nach § 651a Abs. 1 BGB nur der Vertragspartner des Reiseveranstalters fällt, U den Vertrag aber nicht mit F abgeschlossen hat. Jedoch ist der Reisevertrag ein Vertrag mit Schutzwirkung für Dritte. F ist in diesen Schutzbereich einbezogen. Sie muss das Verschulden des U nicht beweisen, da es wegen der negativen Formulierung des § 651f Abs. 1 BGB vermutet wird. Anders wäre dies bei § 823 Abs. 1 BGB, wo der Geschädigte grundsätzlich alle Anspruchsvoraussetzungen beweisen muss.

8. KAPITEL: STRAFRECHT

8.1 Fehler im Strafrecht

Fehler Nr. 1**

(Tatkomplexeinteilung)

»Tatkomplex 1«

Die Tatkomplexeinteilung stellt eine äußerst wichtige Systematisierung des Sachverhalts dar. Aus »einem großen Sachverhalt« sollen mehrere »kleine« gebildet werden. Das Layout der Klausur gibt (etwa durch Abschnitte oder Absätze) nicht die Tatkomplexeinteilung vor, kann die erwartete Einteilung aber indizieren. Insbesondere enthält der Klausurtext jedenfalls keine Nummerierung der zu prüfenden Verhaltensweisen und damit auch keine nach Nummern vorzunehmende Einteilung der Tatkomplexe. Die Einteilung der Tatkomplexe ist allein unter inhaltlichen Gesichtspunkten vorzunehmen. Als grobe Leitlinie gilt, dass aus jedem eigenständigen Handlungsabschnitt ein Tatkomplex zu bilden ist. Im Zweifel sind lieber zu viele als zu wenige Tatkomplexe zu bilden, da ein höherer Grad an Differenzierung regelmäßig mehr nützt als schadet.

Bei Klausuren mit mehr als einem Handlungsabschnitt ist es zunächst essenziell für das Gelingen der Klausur, dass überhaupt eine Tatkomplexeinteilung erfolgt.

Die vom Bearbeiter gebildeten Tatkomplexe sind sodann zu benennen und zwar nicht lediglich durch eine Nummer, denn der Leser des Gutachtens weiß nicht, welche gedankliche Einteilung der Handlungsabschnitte der Bearbeiter vorgenommen hat, sodass er erst recht nicht deren Reihenfolge kennen kann. Entsprechende Nummern nützen ihm deshalb nichts und tragen nichts zur Verständlichkeit des Gutachtens bei. Die Tatkomplexbenennung soll den Handlungsabschnitt nach dessen wesentlichem Geschehen erkennbar machen. Dazu ist die zentrale Handlung des Tatkomplexes nach Inhalt, Art, Ort oder Zeit zu umschreiben. Der Leser soll nach der Lektüre des Sachverhalts anhand der Tatkomplexbezeichnung erkennen können, welcher Handlungsabschnitt jeweils begutachtet wird.

Taugliche Tatkomplexbezeichnungen können daher bspw. lauten:

»Tatkomplex: Der Plan des T«,

»Tatkomplex: Die Hotelbuchung«,

»Tatkomplex: Das Geschehen im Wald« oder

»Tatkomplex: Das Geschehen am Vormittag«.

Fehler Nr. 2**

(Tatkomplexeinteilung)

»Tatkomplex: Der Raub«

Ein methodisch äußerst schwerwiegender Mangel. Die Tatkomplexbenennung darf keinesfalls bereits die komplette Bejahung des Vorliegens einer bestimmten Straftat (hier § 249 StGB) enthalten. Für den Leser eines Gutachtens würde damit nämlich schon bei der Lektüre der Tatkomplexeinteilung feststehen, dass eine Strafbarkeit wegen Raubes gegeben ist. Diese darf aber erst nach einer entsprechenden Prüfung feststehen.

Die Tatkomplexbenennung darf daher niemals nach den amtlichen Überschriften der im StGB aufgezählten Straftatbestände bezeichnet sein. Genauso wenig darf sie aber auch einzelne Tatbestandsmerkmale vorwegnehmen. Mangelhaft wäre deshalb auch eine Bezeichnung wie: *»Tatkomplex: Die Wegnahme«.*

Fehler Nr. 3**

(**Aufbau**)

»T hat sich durch den bewaffneten Bankraub also wegen Hausfriedensbruchs gemäß § 123 StGB strafbar gemacht. Er könnte sich darüber hinaus auch wegen Mordes strafbar gemacht haben.«

Im strafrechtlichen Gutachten müssen grundsätzlich die in Betracht kommenden Delikte der Schwere nach geordnet in absteigender Reihenfolge geprüft werden. Das bedeutet, zu beginnen ist mit demjenigen Delikt, welches am schwersten wiegt. Dafür kommt es auf die abstrakte Strafdrohung des Gesetzes an.

Wenn das Gesetz für eine Straftat nur eine Freiheitsstrafe vorsieht, dann handelt es sich um eine schwerwiegendere Strafdrohung als für Straftaten, für die sowohl Freiheitsstrafe als auch Geldstrafe infrage kommt. Beispielsweise droht § 153 StGB für eine uneidliche Falschaussage keine Geldstrafe an. In Betracht kommt nur Freiheitsstrafe von drei Monaten bis zu fünf Jahren. § 258 Abs. 1 StGB sieht dagegen für Strafvereitelung Freiheitsstrafe bis zu fünf Jahren oder Geldstrafe vor. Sehen zwei Strafgesetze beide lediglich Freiheitsstrafe vor, ist dasjenige das gewichtigere, welches die höhere Mindeststrafe androht. Ist die Mindestandrohung gleich oder gibt es keine, so kommt es auf die mögliche Maximalstrafe an.

Am schwersten wiegt immer der Mordvorwurf, weil Mord nach der Regelung des § 211 Abs. 1 StGB immer mit lebenslanger Freiheitsstrafe zu ahnden ist.

Wer etwa bei Bankraubfällen, in denen es womöglich sogar Tote gegeben hat, mit einer Prüfung des Hausfriedensbruchs beginnt, zeigt vor allem, dass ihm das Gespür für das Wesentliche fehlt.

Ausnahmen von der oben genannten Prüfungsreihenfolge dürfen jedoch gemacht werden, wenn sie zweckmäßig sind. Dies ist vor allem dann der Fall, wenn man unnötige Inzidentprüfungen vermeiden möchte.

Dies ist praktisch immer bei § 239a, § 239b und § 316a StGB geboten. Alle drei Delikte setzen im subjektiven Tatbestand die Absicht der Begehung einer anderen Straftat voraus, die jedoch eine gesetzlich vorgesehene geringere Strafandrohung enthält als diese drei Delikte. Z. B. setzt § 316a Abs. 1 StGB voraus, dass der Täter zur Begehung eines Raubes, eines räuberischen Diebstahls oder einer räuberischen Erpressung handelt. Würde man bspw. in Taxiraubfällen, wo sowohl ein räuberischer Angriff auf Kraftfahrer nach § 316a StGB als auch ein Raub nach § 249 StGB bzw. eine räuberische Erpressung nach § 255 StGB infrage kommt, entsprechend der oben genannten Regel nun die Prüfungsreihenfolge nach der Schwere vornehmen, müsste man mit der Prüfung des § 316a StGB beginnen, weil dieser mit einer Mindestfreiheitsstrafe von fünf Jahren im Vergleich zu § 249 StGB und § 255 StGB die gewichtigste Strafandrohung enthält. So müsste man im subjektiven Tatbestand des § 316a StGB untersuchen, ob das, was der Täter vorhat, objektiv ein Raub bzw. eine räuberische Erpressung wäre. Dazu müsste man dann eine komplette Prüfung dieser Tatbestände im subjektiven Tatbestand der Prüfung des § 316a StGB vornehmen. Um diese Verschachtelung zu vermeiden, prüft man schlicht vorab, ob ein Raub bzw. eine räuberische Erpressung gegeben ist, und erst im Anschluss den schwerwiegenderen § 316a StGB. Analog verhält es sich in den Fällen, in denen § 239a StGB oder § 239b StGB geprüft werden müssen.

Eine weitere Ausnahme ergibt sich aus logischen Gründen. Bei Qualifikationstatbeständen prüft man nicht diese zuerst und sodann, ob auch der Grundtatbestand erfüllt ist. Zu prüfen ist stets zunächst der Grundtatbestand und wenn dieser gegeben ist, wird anschließend untersucht, ob auch ein Qualifikationstatbestand erfüllt ist. Zur Vereinfachung kann es sich anbieten, Grund- und Qualifikationstatbestand »in einem Aufwasch« zusammen zu prüfen.

Eine solche »Zusammen-Prüfung« kann sogar geboten sein, um nicht wichtige Rechtsfragen des Sachverhalts »abzuschneiden« bzw. nur noch hilfsgutachtlich (im Strafrecht verpönt!) prüfen zu können. Dies wäre z. B. der Fall, wenn eine gefährliche Körperverletzung infrage kommt, aber Notwehr im Raum steht. Wenn man dann zunächst § 223 StGB prüft und dann bei der Frage der Rechtswidrigkeit zum Ergebnis kommt, dass diese wegen Notwehr nach § 32 StGB nicht gegeben ist, steht bereits fest, dass sich der Täter durch die Körperverletzung nicht strafbar gemacht hat. Der Gutachtenauftrag (Strafbarkeit untersuchen) ist damit abgeschlossen. Eine anschließende Prüfung des § 224 StGB wäre daher nicht nur unlogisch, sondern für den Leser des Gutachtens verwirrend. Um dieses »technische« Problem zu umgehen, prüft man die Tatbestände der §§ 223, 224 StGB in solchen Fällen stets zusammen. Der Umstand, dass die Tat wegen Notwehr gerechtfertigt ist, sperrt dann keine weitergehende Prüfung.

Fehler Nr. 4**

(Obersatz)

»T könnte sich wegen Betruges nach § 263 StGB strafbar gemacht haben.«

Dieser Obersatz ist völlig unbrauchbar. Das deutsche Strafrecht knüpft eine Strafbarkeit nur an bestimmte Verhaltensweisen. Wenn man entsprechend des Gutachtenauftrags in der Klausur ein Verhalten auf seine Strafbarkeit hin überprüft, muss dieses Verhalten selbstverständlich bezeichnet sein und zwar so bestimmt wie möglich.

Nicht brauchbar ist daher auch ein Obersatz wie:

»T könnte sich durch sein Verhalten wegen Betrugs nach § 263 StGB strafbar gemacht haben.«

Denn hier fehlt es an der Bestimmtheit des Verhaltens. Es wird nicht klar, welches Verhalten untersucht wird.

Grundsätzlich genügt es ebenso wenig, zu schreiben:
»T könnte sich durch sein Verhalten am 15.03.2015 / durch sein Verhalten im Restaurant wegen Betrugs nach § 263 StGB strafbar gemacht haben.« NOCH EXAKTER

Denn auch hier fehlt es an einer subsumtionsfähigen Beschreibung desjenigen Verhaltens, welches den Tatbestand des Betrugs erfüllen könnte. Ausnahmsweise reicht eine solche Umschreibung jedoch dann, wenn im Sachverhalt bzw. in dem untersuchten Tatkomplex des Sachverhalts lediglich ein bestimmtes Verhalten geschildert wird, sodass dem Leser des Gutachtens klar sein muss, welche Verhaltensweise gemeint ist.

Fehler Nr. 5*

(**Obersatz**)
»T könnte sich wegen Totschlags nach § 212 StGB strafbar gemacht haben, indem er O tötete.«

Hier nimmt bereits der Obersatz die Prüfung des gesamten objektiven Tatbestands vorweg. Totschlag nach § 212 StGB setzt objektiv voraus, dass ein Mensch einen anderen Menschen tötet. Der Begriff der Tötung ist als gesetzliches Tatbestandsmerkmal ein Terminus technicus mit einem bestimmten Inhalt. Demnach liegt eine Tötung dann vor, wenn der Täter das Leben des Opfers kausal und objektiv zurechenbar beendet. Die Feststellung, dass T den O getötet hat, ist demnach gleichbedeutend mit der Feststellung, dass T das Leben des O kausal und objektiv zurechenbar beendet hat. Damit ist aber bereits der gesamte objektive Tatbestand bejaht, ohne dass eine gutachtliche Prüfung erfolgt wäre.

Häufig anzutreffen sind in Klausuren auch die aus entsprechenden Gründen mangelhaften Obersätze:

»T könnte sich wegen Beleidigung nach § 185 StGB strafbar gemacht haben, indem er O beleidigte.«

oder

»T könnte sich wegen Nötigung nach § 240 StGB strafbar gemacht haben, indem er O nötigte.«

Fehler Nr. 6*

(Obersatz)

»T könnte sich wegen Diebstahls nach § 242 StGB strafbar gemacht haben, indem er dem O das Buch weggenommen hat.«

Hier wird zwar im Obersatz nicht der gesamte objektive Tatbestand des § 242 StGB vorweggenommen, immerhin jedoch das (zentrale) objektive Tatbestandsmerkmal der Wegnahme. Denn durch die Wendung »weggenommen hat« wird festgestellt, dass eine Wegnahme, also der Bruch fremden und die Begründung neuen Gewahrsams, stattgefunden hat. Im Gutachten ist dies jedoch keinesfalls zulässig.

Fehler Nr. 7*

(Obersatz)

»T könnte sich der Körperverletzung nach § 223 StGB schuldig gemacht haben, indem er auf O eingeschlagen hat.«

Nahezu immer fragt der Bearbeitervermerk nach der Strafbarkeit bestimmter Personen. Nicht gefragt wird nach der »Schuldigkeit«. Die Strafbarkeit umfasst die Schuld, geht aber noch über sie hinaus. Dass jemand sich einer Straftat schuldig gemacht hat, heißt noch lange nicht, dass er deswegen auch strafbar ist. Strafbar ist zunächst nur, wer noch lebt. Die Strafbarkeit einer laut Sachverhalt gestorbenen Person zu prüfen, ist daher völlig sinnlos. Aber auch ohne Strafantrag kann zwar die Schuld gegeben sein, eine Strafbarkeit jedoch nicht. Auch die Verfolgungsverjährung steht der Strafbarkeit entgegen, ändert aber nichts an der Schuld des Täters. Im Obersatz muss daher stets auf die Strafbarkeit und nicht nur auf die Schuld abgestellt werden.

Fehler Nr. 8*

(§ 16 StGB)

»Infolge des Irrtums fehlt es nach § 16 Abs. 1 StGB am subjektiven Tatbestand. Eine Strafbarkeit wegen vollendeten Totschlags scheidet damit aus. Womöglich hat sich T aber wegen versuchten Totschlags nach §§ 212, 22, 23 StGB strafbar gemacht.«

Die Prüfung der Versuchsstrafbarkeit ist abwegig, wenn die Vollendungsstrafbarkeit daran gescheitert ist, dass der subjektive Tatbestand nicht erfüllt wurde, denn der subjektive Tatbestand ist beim Versuch gerade das wesentliche Strafbarkeitskriterium. Wenn bereits sein Fehlen festgestellt wurde, ist eine erneute Prüfung seines Vorliegens in der Klausur nicht nur eine Verschwendung der in der Regel eh viel zu knappen Zeit, sondern auch die Offenbarung mangelnden Systemverständnisses.

Fehler Nr. 9**

(§ 22 StGB)

»Der objektive Tatbestand ist damit nicht erfüllt. T hat sich folglich nicht strafbar gemacht.«

Diese Schlussfolgerung ist in sehr vielen Klausuren falsch. Denn wenn der objektive Tatbestand eines Delikts nicht erfüllt ist, folgt daraus nicht unbedingt die Straflosigkeit des geprüften Verhaltens. Regelmäßig kommt nämlich eine Versuchsstrafbarkeit infrage. Dies wird erstaunlich oft übersehen, obwohl sich in Bezug auf den Versuch bzw. einen Rücktritt oft zentrale Klausurprobleme finden werden.

Wenn die geprüfte Vollendungsstrafbarkeit also am objektiven Tatbestand scheitert, muss – außer bei Fahrlässigkeitsdelikten – immer eine Versuchsstrafbarkeit nach §§ 22, 23 StGB in Betracht gezogen werden.

Fehler Nr. 10*

(§ 22 StGB)

»T könnte sich wegen versuchten Totschlags nach §§ 212, 22, 23 StGB strafbar gemacht haben, indem er O töten wollte.«

Dieser Obersatz enthält zwei methodische Fehler.

- Erstens kann Anknüpfungspunkt für eine Strafbarkeit im deutschen Recht nur ein Verhalten sein, nicht jedoch ein bloßer Wille. Dass T den O töten wollte, kann demnach nicht zur Strafbarkeit führen. Die aufgestellte Hypothese ist damit völlig abwegig und müsste an sich ohne weitere Prüfung sofort verworfen werden. Im Obersatz ist daher stets dasjenige Verhalten zu nennen, welches das unmittelbare Ansetzen begründen soll. Richtigerweise kann es deshalb z. B. lauten: »T könnte sich wegen versuchten Totschlags nach §§ 212, 22, 23 Abs. 1 StGB strafbar gemacht haben, indem er mit einem Messer auf O einstach.«
- Zweitens enthält bereits der Obersatz die Feststellung, dass T den O töten wollte. Damit bejaht bereits der Obersatz ungeprüft den Tötungsvorsatz, was im Gutachten freilich einen gravierenden Mangel darstellt.

Fehler Nr. 11**

(§ 22 StGB)

»T wollte O töten, sodass Tatentschluss zu bejahen ist. Er müsste auch unmittelbar zur Tat angesetzt haben. Dies setzt voraus, dass er die Schwelle zum ›Jetzt-geht's-los‹ durch Vornahme einer Handlung überschritten hat, die aus seiner Sicht unmittelbar zur Tatbestandsverwirklichung führen sollte. Indem er sich mit der Waffe im Gebüsch versteckt und auf O gewartet hat, ist dies der Fall.«

In Klausuren wird viel zu häufig das Unmittelbarkeitskriterium beim unmittelbaren Ansetzen nicht ausreichend beachtet. Erforderlich ist, dass das Verhalten des Täters unmittelbar zur Tatbestandsverwirklichung führt, er diese also ohne weitere Zwischenakte herbeiführt. Wenn man sich mit einer Schusswaffe im

Gebüsch versteckt, führt dies noch lange nicht zum Tod eines Menschen. Zunächst muss ein Mensch als mögliches Opfer überhaupt in die Nähe des Täters kommen, dann muss es der Täter als Opfer auswählen, dann muss er seine Waffe anlegen und zielen, dann muss er abdrücken. Vor dem Abdrücken kann nicht davon ausgegangen werden, dass bereits ein Tötungsvorgang in Gang gesetzt wurde. Wenn zwischen dem im Sachverhalt beschriebenen Täterverhalten und dem angestrebten Taterfolg notwendigerweise auch nur ein einziger Zwischenakt liegt, muss ein unmittelbares Ansetzen verneint werden. Dabei kommt es aber nicht auf physikalische oder sonstige reale Gegebenheiten, Naturgesetze usw. an, sondern auf den Tatplan und die Vorstellung des Täters.

Fehler Nr. 12**

(§ 22 StGB)

»Rechtswidrigkeit und Schuld liegen vor. T hat sich damit wegen versuchten Totschlags nach §§ 212, 22, 23 Abs. 1 StGB strafbar gemacht.«

Bei einer Versuchsstrafbarkeit muss unbedingt nach Bejahung der Schuld noch geprüft werden, ob der Täter vom Versuch gemäß § 24 StGB strafbefreiend zurückgetreten ist. Selbst wenn ein Rücktritt evident nicht infrage kommt, empfiehlt es sich, zumindest einen kurzen Satz hierzu zu schreiben. Dadurch zeigt der Bearbeiter dem Prüfer, dass die Möglichkeit des Rücktritts erkannt und nicht vergessen wurde. Häufig sind Klausuren so »gestrickt«, dass sich gerade bezüglich der Frage des Rücktritts wesentliche Rechtsfragen stellen, die einen Schwerpunkt der Klausur ausmachen müssen.

Fehler 13***

(§ 24 StGB)

»Rechtswidrigkeit und Schuld sind gegeben. Die Strafbarkeit wegen Diebstahls gemäß § 242 Abs. 1 StGB könnte jedoch durch Rücktritt nach § 24 Abs. 1 StGB dadurch entfallen sein, dass T die Ware wieder zurückgelegt hat.«

Wenn der Tatbestand erfüllt ist, liegt eine vollendete Tat vor. Ein Rücktritt ist dann nicht mehr möglich, weil sich die Tat nicht mehr im Versuchsstadium befindet. Die Erfüllung des Tatbestands kann der Täter abbrechen oder verhindern. Rückgängig machen kann er sie jedoch nicht.

Das StGB kennt Vorschriften, die eine Strafmilderung ermöglichen, wenn der Täter nach Vollendung des Tatbestands ein Verhalten an den Tag legt, welches das von ihm angerichtete Unrecht zumindest teilweise ausgleicht. Insbesondere kann der Täter durch Berichtigung einer falschen Aussage eine Strafmilderung nach § 158 Abs. 1 StGB erlangen. Auch die in § 306e StGB geregelte tätige Reue eröffnet dem Täter zwar keine Brücke zurück in die Legalität, jedoch kann der Täter sich eine Strafmilderung bzw. -vermeidung verdienen.

Fehler 14**

(§ 25 StGB)

»T könnte sich wegen Diebstahls in mittelbarer Täterschaft gemäß §§ 242, 25 Abs. 1 Alt. 2 StGB strafbar gemacht haben, indem er dem A sagte, dieser solle das Buch bei B mitnehmen. Fraglich ist, ob es sich hier um mittelbare Täterschaft oder um Anstiftung han-

delt. Maßgeblich dafür ist, ob Täterschaft oder Teilnahme vorliegt. Für die Abgrenzung kommt es darauf an, ...«

Hier unterläuft dem Verfasser ein Aufbaufehler. Die Abgrenzung zwischen Täterschaft und Teilnahme darf keinesfalls vorab »in der Luft hängend« erfolgen. Sie ist dort vorzunehmen, wo es auf sie ankommt. Dies ist stets und ausschließlich bei der Tathandlung der Fall. Im Falle des § 242 StGB muss also beim Tatbestandsmerkmal »Wegnahme« eine Prüfung erfolgen, ob eine mittelbar-täterschaftliche Wegnahme vorliegt – d. h. eine Wegnahmehandlung des T, die durch das Werkzeug A erfolgt – oder lediglich eine Teilnahme des T in Form der Anstiftung im Hinblick auf eine Wegnahmehandlung des A. Wenn es sich um eine täterschaftliche Beteiligung handelt, kann T wegen Diebstahls in mittelbarer Täterschaft nach §§ 242 Abs. 1, 25 Abs. 1 Alt. 2 StGB bestraft werden. Wenn es sich lediglich um eine Teilnahme in Form der Anstiftung handelt, kann T ausschließlich wegen Anstiftung zum Diebstahl des A gemäß §§ 242 Abs. 1, 26 StGB bestraft werden.

Die gleiche Aufbauregel gilt selbstverständlich, wenn Mittäterschaft im Sinne von § 25 Abs. 2 StGB von Beihilfe nach § 27 StGB abzugrenzen ist.

Fehler 15**

(§ 25 StGB)

»T könnte sich wegen Anstiftung zum Diebstahl nach §§ 242, 26 StGB strafbar gemacht haben, indem er A sagte, dieser solle bei B das Buch mitnehmen. Fraglich ist, ob es sich hier um einen Fall

der Anstiftung oder der mittelbaren Täterschaft handelt. Maßgeblich dafür ist, ob Täterschaft oder Teilnahme vorliegt. Für die Abgrenzung kommt es darauf an, ...«

Hier wurden gleich zwei Aufbaufehler gemacht. Zum einen wurde – wie vorhin – die Abgrenzung zwischen Täterschaft und Teilnahme im Deliktsaufbau völlig falsch verortet. Zum anderen wurde aber auch gegen die Regel verstoßen, dass Täterschaft vor Teilnahme zu prüfen ist. Diese Regel folgt daraus, dass grundsätzlich das schwerere Delikt vor dem leichteren geprüft werden muss. Jede Form der Täterschaft wiegt schwerer als die Formen der Teilnahme.

Wer im Rahmen der Prüfung der Anstiftung erörtert, ob nicht etwa doch sogar mittelbare Täterschaft vorliegt, wird wohl kaum zuvor geprüft haben, ob eine Strafbarkeit wegen mittelbarer Täterschaft gegeben ist.

Fehler 16**

(§ 25 StGB)

»A könnte sich als Tatmittler nach § 242 StGB wegen Diebstahls strafbar gemacht haben, indem er das Buch mitgenommen hat.«

Das geht grundsätzlich nicht. Tatmittler ist derjenige, durch den jemand im Sinne von § 25 Abs. 1 Alt. 2 StGB eine Straftat begeht. Straftäter ist in der Regel nicht der Tatmittler, sondern die »dahintersteckende« Person. Der Tatmittler ist nur das Werkzeug, mittels dessen die Tat begangen wird. Strafbar macht sich – außer in den Fällen der Tatherrschaft kraft Organisationsherrschaft[41] – nur der »Hintermann« als mittelbarer Täter.

Unbedingt zu beachten ist in diesem Zusammenhang auch die Aufbauregel, wonach der Tatnächste zuerst zu prüfen ist. Wenn also mehrere Personen als Straftäter in Betracht kommen, muss zunächst geprüft werden, ob derjenige, der am nächsten am Geschehen »dran« ist, sich in irgendeiner Weise strafbar gemacht hat. Erst im Anschluss sollen vermeintliche »Hintermänner und Komplizen« geprüft werden.

Fehler 17**

(§ 25 StGB)

»T und S könnten sich wegen gemeinschaftlicher Körperverletzung in Mittäterschaft gemäß §§ 224 Abs. 1 Nr. 4, 25 Abs. 2 StGB strafbar gemacht haben, indem sie zusammen auf O eingeprügelt haben.«

Der Verfasser dieses Obersatzes setzt sich dem Verdacht aus, die Bedeutung des § 25 Abs. 2 StGB nicht verstanden zu haben. Es handelt sich um eine Zurechnungsvorschrift, mittels derer das Verhalten einer Person einer anderen Person zugerechnet werden kann. Wenn also eine Person A einen Straftatbestand nicht durch ihr eigenes Verhalten (voll) erfüllt, kann ihr unter bestimmten Voraussetzungen das Verhalten einer anderen Person B wie ein eigenes Verhalten zugerechnet werden, sodass die Person A den Straftatbestand erfüllt. Erforderlich für diese Zurechnung

41 Fischer, StGB, § 25 Rn. 7 ff.

ist nach § 25 Abs. 2 StGB eine gemeinschaftliche Tatbegehung. Eine solche liegt vor, wenn die Beteiligten eine Tat aufgrund eines gemeinsamen Tatplans gemeinsam ausführen.[42]

Wenn S auf O einschlägt, T den O währenddessen aber lediglich festhält, erfüllt T den Tatbestand des § 223 Abs. 1 StGB nicht. Er kann deshalb erst recht nicht den Tatbestand des § 224 Abs. 1 Nr. 4 StGB erfüllen, weil ohne Erfüllung des Grundtatbestands keine Qualifikation vorliegen kann. Handeln beide aufgrund eines gemeinsamen Tatplans, kann aber das Schlagen des S dem T nach § 25 Abs. 2 StGB zugerechnet werden. Denn das von T ausgeübte Festhalten kann als funktioneller Tatbeitrag gesehen werden, sodass eine gemeinschaftliche Tatbegehung im Sinne von § 25 Abs. 2 StGB gegeben ist. Bei S bedarf es keiner Zurechnung nach § 25 Abs. 2 StGB, denn er erfüllt mit seinen Schlägen den Tatbestand des § 223 Abs. 1 StGB schon in eigener Person. S ist daher strafbar nach § 223 Abs. 1 StGB. T ist strafbar nach §§ 223 Abs. 1, 25 Abs. 2 StGB. Da beide mit einem anderen Beteiligten die Körperverletzung gemeinschaftlich begehen, erfüllen beide auch den Qualifikationstatbestand des § 224 Abs. 1 Nr. 4 StGB. S ist daher nach §§ 223 Abs. 1, 224 Abs. 1 Nr. 4 StGB und T nach §§ 223 Abs. 1, 224 Abs. 1 Nr. 4, 25 Abs. 2 StGB zu bestrafen.

Wenn S und T beide auf O einschlagen, erfüllt jeder für sich schon den Tatbestand des § 223 Abs. 1 StGB. Es liegt keine Mittäterschaft nach § 25 Abs. 2 StGB vor. Es handelt sich vielmehr um zwei Alleintäter, die parallel agieren (manchmal als »Mehr-

42 Fischer, StGB, § 25 Rn. 11, 12b, 17.

täterschaft« bezeichnet).[43] In diesem Zusammenhang fällt oft der Begriff der Nebentäterschaft. Dieser passt jedoch besser bei Tätern, die unbewusst jeder für sich den Tatbestand verwirklichen. In dem hier genannten Beispiel bedarf es jedenfalls keiner Zurechnung nach § 25 Abs. 2 StGB, um für jeden der Beteiligten die Erfüllung des Körperverletzungstatbestands zu begründen. Es mag zwar auch ein gemeinschaftliches Handeln im Sinne von § 25 Abs. 2 StGB vorliegen. Dies spielt aber keine Rolle, weil man nicht auf die Rechtsfolge der Zurechnung zurückgreifen muss. Relevant ist lediglich, ob auch ein gemeinschaftliches Handeln im Sinne von § 224 Abs. 1 Nr. 4 StGB vorliegt. Hieran stellt die herrschende Meinung geringere Anforderungen als bei § 25 Abs. 2 StGB, weil es sich lediglich um eine Strafschärfungsvorschrift und nicht - wie bei § 25 Abs. 2 StGB - um eine Strafbegründungsvorschrift handelt. Ausreichend ist, dass zwei Beteiligte am Tatort bewusst und gewollt zusammenwirken.[44] Das durch das gemeinschaftliche Handeln erhöhte Unrecht (größere Verletzungsgefahr, weniger Abwehrmöglichkeiten für das Opfer) wird so durch § 224 Abs. 1 Nr. 4 StGB vollständig erfasst.

Wenn S auf O einschlägt und T nur dabeisteht und S anfeuert, liegt mangels funktionellen Tatbeitrags durch T keine gemeinsame Tatbegehung nach § 25 Abs. 2 StGB vor. T kann (außer bei Garantenpflicht) nicht nach §§ 223 Abs. 1, 25 Abs. 2 StGB bestraft werden. S hat sich aber nach §§ 223 Abs. 1, 224 Abs. 1 Nr. 4 StGB strafbar gemacht, denn er begeht die Körperverletzung mit einem anderen

43 Fischer, StGB, § 25 Rn. 27.

44 Fischer, StGB, § 224 Rn. 11.

Beteiligten gemeinschaftlich. Dafür genügt es nämlich, wenn T Gehilfe im Sinne des § 27 StGB ist. Aufgrund seiner psychischen Förderung der Tat ist dies unproblematisch der Fall. T ist demnach gemäß §§ 223 Abs. 1, 224 Abs. 1 Nr. 4, 27 Abs. 1 StGB zu bestrafen.

Der oben genannte Obersatz ist schließlich deshalb falsch, weil er eine Zurechnung nach § 25 Abs. 2 StGB für erforderlich hält, obwohl beide Täter jeder für sich den Tatbestand erfüllen.

Fehler 18***

(§ 26 StGB)

»T könnte sich wegen Anstiftung zur fahrlässigen Tötung gemäß §§ 222, 26 StGB strafbar gemacht haben, indem er A überredete, betrunken mit dem Auto zu fahren.«

Definitiv nicht! Eine solche Hypothese sollte in einer Klausur gar nicht erst aufgestellt werden. Die Anstiftung setzt nach § 26 StGB eine vorsätzliche Haupttat voraus. Die Anstiftung zu einer Fahrlässigkeitstat ist daher von vornherein ausgeschlossen und die aufgestellte Hypothese als abwegig zu bezeichnen. Entsprechendes gilt auch für die Beihilfe nach § 27 StGB.

Fehler 19**

(§ 26 StGB)

»T könnte sich wegen versuchter Anstiftung zum Diebstahl nach §§ 242, 26, 22, 24 StGB strafbar gemacht haben.«

Auch dies ist unmöglich und daher in einer Klausur niemals zu prüfen. Der Versuch der Anstiftung ist grundsätzlich nicht strafbar. Nur für den Fall, dass es sich um den Versuch der Anstiftung zu einem Verbrechen handelt, sieht § 30 Abs. 1 StGB eine Sonderregel vor. Der Gesetzgeber sieht die Vorbereitung eines Verbrechens ebenfalls als strafwürdig an, sodass auch der auf ein Verbrechen bezogene Anstiftungsversuch eine Straftat darstellt. Wenn also nur ein Vergehen im Raum steht, kann eine versuchte Anstiftung nicht zur Strafbarkeit führen.

Vom Versuch der Anstiftung scharf zu unterscheiden ist die Anstiftung zum Versuch. Die Anstiftung zum Versuch einer Tat ist stets strafbar, wenn der Versuch dieser Tat strafbar ist. Gemeint sind damit vor allem diejenigen Fälle, in denen die Tat, zu der angestiftet wurde, nicht zur Vollendung gerät. Wenn es zumindest zu einem strafbaren Versuch der Tat gekommen ist, dann genügt dies für die Anstiftungsstrafbarkeit. Denn der Anstifter will die Vollendung einer bestimmten Tat. Von seinem Vorsatz umfasst ist dann aber nicht nur die vollendete Tat, sondern als »Minus« dazu auch die versuchte Tat. Wenn der Anstifter mit seiner Anstiftungshandlung dafür gesorgt hat, dass es zumindest zu einem unmittelbaren Ansetzen zur Tat kommt, genügt dies, um den Anstifter entsprechend wegen Anstiftung zum Versuch der Tat zu bestrafen.

Fehler 20**

(§ 27 StGB)

»T könnte sich wegen versuchter Beihilfe zum Diebstahl nach §§ 242, 27, 22, 23 StGB strafbar gemacht haben, indem ...«

Das ist völlig abwegig und sollte deshalb in keiner Klausur geprüft werden. Die versuchte Anstiftung zu einer Tat ist – gleich ob es sich bei der Tat um ein Vergehen oder ein Verbrechen handelt – niemals strafbar.

Zu überlegen ist aber, ob nicht der potenzielle Gehilfe durch sein Verhalten die Haupttat auch dann schon im Sinne einer strafbaren Beihilfe gefördert hat, obwohl es – nach seiner Vorstellung – noch gar nicht abgeschlossen oder sonst erfolgreich gewesen ist.

Wiederum ist zu beachten, dass die Beihilfe zur versuchten Tat stets strafbar ist, wenn der Versuch der Tat strafbar ist.

Fehler Nr. 21***

(§ 32 StGB)

»Die Notwehrhandlung könnte jedoch unverhältnismäßig gewesen sein, da T den O getötet hat, um sein Eigentum zu schützen.«

Das mag sein, spielt aber keine Rolle. Die Notwehrhandlung muss nach § 32 Abs. 2 StGB erforderlich sein, das genügt grundsätzlich. Die Erforderlichkeit ist dann gegeben, wenn die Notwehrhandlung das relativ mildeste Mittel war, um den Angriff abzuwehren. Es findet keine Güterabwägung statt.[45] D. h., wenn es erforderlich ist, einen Menschen zu töten, um das Eigentum zu schützen, ist die Tat in der Regel gerechtfertigt. Es kommt dabei nicht darauf an, dass das Leben gegenüber dem Eigentum das höherwertige Rechtsgut darstellt.

Ausnahmsweise entfällt aber die Gebotenheit der Notwehr im Sinne von § 32 Abs. 1 StGB. Demnach gibt es eine sozial-ethi-

45 Fischer, StGB, § 32 Rn. 31.

sche Ausnahme von dem Grundsatz, dass die Erforderlichkeit der Notwehrhandlung für die Rechtsfertigungswirkung genügt.[46] Dem liegt der Gedanke des Rechtsmissbrauchs zugrunde, der von der Rechtsordnung auch im Falle der Notwehr nicht gebilligt wird. Insbesondere bei einem unerträglichen Missverhältnis zwischen dem angegriffenen Rechtsgut und der durch die Verteidigungshandlung drohenden Rechtsgutsverletzung kann sich die Verteidigungshandlung als Rechtsmissbrauch darstellen.[47] Dies kommt vor allem in Fällen evidenter Bagatellhaftigkeit infrage, z. B. der Einsatz einer tödlichen Selbstschussanlage zum Schutz vor Pfirsichdiebstahl.[48] Fixe Wertgrenzen gibt es in der Praxis nicht. Jedoch dürfte ein Bagatellangriff bei einem Schaden bis 150 Euro zu bejahen sein. In solchen Fällen kommt ausnahmsweise doch eine Güterabwägung zum Tragen, deren Ausgang die Gebotenheit der Notwehr entfallen lassen kann.

Fehler Nr. 22**

(§ 123 StGB)

»Der Tatbestand des § 123 StGB ist erfüllt. Möglicherweise ist die Tat aber durch Einwilligung des Hausherrn H gerechtfertigt.«

Wenn der Hausherr damit einverstanden ist, dass seine Räume etc. betreten werden, liegt schon der Tatbestand des § 123 StGB nicht vor. Die Zustimmung des Hausherrn wirkt dann als tatbestandsausschließendes Einverständnis. Ein Eindringen in einen

46 Fischer, StGB, § 32 Rn. 36.

47 Fischer, StGB, § 32 Rn. 39.

48 Fischer, StGB, § 32 Rn. 39 mit weiteren Beispielen.

Raum im Sinne von § 123 Abs. 1 StGB kann nicht vorliegen, wenn der Hausherr damit einverstanden ist, dass der Raum betreten wird. Auch kann man nicht ohne Befugnis in einem Raum verweilen, wenn der Hausherr mit dem Verweilen einverstanden ist. Es ist daher falsch, die Zustimmung des Hausherrn zur Tat erst auf Rechtfertigungsebene zu prüfen.

Genauso verhält es sich bei allen Delikten, die einen entgegenstehenden Willen des Opfers voraussetzen (v.a. § 177 StGB, § 240 StGB und § 242 StGB). Bei solchen Delikten wirkt das Einverständnis des Opfers immer tatbestandsausschließend, bei anderen Delikten (z. B. § 223 StGB, § 303 StGB) wirkt die Zustimmung des Opfers als rechtfertigende Einwilligung.

Fehler 23**

(§ 153 StGB)

»T könnte sich wegen Falschaussage gemäß § 153 StGB strafbar gemacht haben, indem er als Angeklagter vor Gericht die Tat wahrheitswidrig abgestritten hat.«

Erstens heißt das nach § 153 StGB unter Strafe gestellte Delikt nicht »Falschaussage«, sondern gemäß der amtlichen Überschrift des Gesetzes »falsche uneidliche Aussage«.

Zweitens kann sich der Angeklagte niemals nach § 153 StGB strafbar machen. Der Angeklagte ist kraft des verfassungsrechtlich fundierten Nemo-tenetur-Grundsatzes nicht dazu verpflichtet, die ihm vorgeworfene Tat zuzugeben. Er darf schweigen und sogar lügen, solange er nicht den Tatbestand des § 164 StGB oder den des § 258 StGB erfüllt. Nach § 153 StGB kann sich nur ein

Zeuge oder Sachverständiger strafbar machen. Der Angeklagte ist kein tauglicher Täter.

Fehler 24**

(§ 153 StGB)

»T könnte sich wegen falscher uneidlicher Aussage in mittelbarer Täterschaft gemäß §§ 153, 25 Abs. 1 Alt. 2 StGB strafbar gemacht haben, indem er dem Zeugen Z sagte, der Unfall habe sich so ereignet wie besprochen.«

Die Aussagedelikte nach §§ 153 ff. StGB sind eigenhändige Delikte. Eine Begehung durch einen anderen im Sinne von § 25 Abs. 1 Alt. 2 StGB ist daher ausgeschlossen und eine Strafbarkeit in mittelbarer Täterschaft nicht möglich. Um die Fälle der Zeugenmanipulation zu erfassen, in denen der Zeuge gutgläubig falsch aussagt, weil er entsprechend beeinflusst worden ist, gibt es die Strafvorschrift des § 160 StGB (Verleitung zur Falschaussage). Es handelt sich um einen gesetzlich speziell geregelten Fall der mittelbaren Täterschaft. In deren Anwendungsbereich darf § 25 Abs. 1 Alt. 2 StGB nicht mitzitiert werden.

Fehler 25**

(§ 186 StGB)

»Der Tatbestand des § 186 StGB setzt voraus, dass der Täter eine unwahre Tatsache behauptet hat.«

Die Tatsache muss nach § 186 StGB nicht unwahr sein. Sie darf nicht erweislich wahr sein. Die behauptete Tatsache kann also durchaus tatsächlich wahr sein und dennoch hat sich der Täter strafbar gemacht. Denn es kommt darauf an, ob die Wahrheit der Tatsache auch bewiesen werden kann. Die Beweislast trägt hier – anders als sonst nach dem Grundsatz in dubio pro reo – der Beschuldigte.

Außerdem ist die Unerweislichkeit der Wahrheit der behaupteten Tatsache nach herrschender Meinung kein Tatbestandsmerkmal, sondern eine objektive Bedingung der Strafbarkeit.[49] Der wesentliche Unterschied zwischen einem objektiven Tatbestandsmerkmal und einer objektiven Bedingung der Strafbarkeit besteht darin, dass sich der Vorsatz nur auf das objektive Tatbestandsmerkmal beziehen muss, nicht aber auf die objektive Bedingung der Strafbarkeit. Das bedeutet, dass der Täter sich auch im Falle eines Irrtums über die Erweislichkeit der Wahrheit der behaupteten Tatsache nach § 186 StGB strafbar machen kann. Da er sich eben nicht über ein Tatbestandsmerkmal irrt, liegt kein Tatbestandsirrtum nach § 16 Abs. 1 StGB vor. Rechtspolitisch ist dies durchaus sachgerecht, da so derjenige, der über einen anderen ehrenrührige Tatsachen behauptet, derjenige ist, der mit der Beweislast auch die Strafbarkeitslast trägt.

Im Falle der Verleumdung ist die Unwahrheit der behaupteten Tatsache Tatbestandsmerkmal. Der Täter muss also insoweit Vorsatz haben. Ausreichend ist dabei nicht bedingter Vorsatz. Das Gesetz verlangt »Wissen«, also Dolus directus 2. Grades. Die Verleumdung gemäß § 187 StGB ist also im Vergleich zur üblen Nachrede nach § 186 StGB deswegen das gewichtigere Delikt,

49 Fischer, StGB, § 186 Rn. 13.

weil der Täter bei der Verleumdung sicher weiß, dass er etwas Falsches behauptet.

Fehler Nr. 26**

(§ 193 StGB)

»Die Beleidigung könnte jedoch aufgrund der Meinungsfreiheit nach Art. 5 Abs. 1 GG gerechtfertigt sein.«

Ein unmittelbarer Rückgriff auf Grundrechte als Rechtfertigungsgrund scheidet dort aus, wo eine einfachgesetzliche Regelung existiert, welche den grundrechtlich geschützten Interessen ausreichend Rechnung trägt. In diesem Fall handelt es sich um § 193 StGB. Diese Vorschrift enthält - was aus dem Wortlaut nicht klar hervorgeht - einen Rechtfertigungsgrund. Die Wahrnehmung berechtigter Interessen kann also die tatbestandsmäßige Beleidigung rechtfertigen.

Als Konsequenz aus der Einordnung des § 193 StGB auf der Rechtfertigungsebene ergibt sich das Erfordernis eines subjektiven Rechtfertigungselements.[50] Außerdem kann im Falle des Irrtums des Täters über die tatsächlichen Voraussetzungen des § 193 StGB ein Erlaubnistatbestandsirrtum zu prüfen sein.

Grundrechtlich geschützte Interessen (vor allem Meinungs-, Presse-, Wissenschafts- und Kunstfreiheit) sind zur Auslegung und Konkretisierung des völlig unbestimmten Rechtsbegriffs der »berechtigten Interessen« heranzuziehen.

50 Fischer, StGB, § 193 Rn. 42.

Fehler Nr. 27*

(§ 212 StGB)

»T könnte sich wegen Todschlags gemäß § 212 StGB strafbar gemacht haben, indem er ...«

Erstaunlich viele Jurastudierende können das in § 212 StGB unter Strafe gestellte Delikt schon nicht schreiben. Anstatt »Totschlag« wird oft »Todschlag« geschrieben, was zwar freilich keinen inhaltlichen Fehler darstellt, jedoch – oft schon weit am Anfang – einen ausgesprochen schlechten (ersten) Eindruck macht, zumal ein Blick auf die amtliche Überschrift von § 212 StGB genügt, um zu wissen, wie man das Delikt nennt und schreibt.

Fehler Nr. 28*

(§ 212 StGB)

»T könnte sich wegen Totschlags nach § 212 StGB strafbar gemacht haben, indem er auf O schoss. Dazu müsste O ein anderer Mensch sein.«

Ein juristisches Gutachten dient nicht der Erörterung von Banalitäten. Es kann niemand allen Ernstes davon ausgehen, dass man in Prüfungsarbeiten im Rahmen der juristischen Ausbildung zu untersuchen hat, ob O ein anderer Mensch als T ist. Wenn aus dem Sachverhalt nichts anderes hervorgeht, ist O ein Mensch, der nicht T heißt. Jedes Wort darüber im Gutachten ist hoffnungslos überflüssig und wirkt auf den Korrektor so, als würde sich der Prüfling davor scheuen, auf die eigentlichen Probleme des Falles zu sprechen zu kommen.

Fehler Nr. 29**

(§ 212 StGB)

»T könnte sich wegen Totschlags nach § 212 StGB strafbar gemacht haben, indem er auf O einstach. Fraglich ist, wie sich § 212 StGB zu § 211 StGB verhält. Nach einer Auffassung ...«

Hier liegt ein kapitaler Aufbaufehler vor. Der erste Satz hat noch angekündigt, dass eine Prüfung der Strafbarkeit des T wegen Totschlags folgt. Im nächsten Satz wird dann eine Frage aufgeworfen, die mit der Strafbarkeit des T zunächst nicht das Geringste zu tun hat und die in den meisten Fällen auch völlig unerheblich ist.

Das Verhältnis von § 211 StGB zu § 212 StGB ist immer noch umstritten[51] und wird sich bis zur Reform der Tötungsdelikte wohl auch nicht mehr im Sinne einer »herrschenden Meinung« klären. Das Verhältnis ist jedoch im strafrechtlichen Gutachten nur in zweierlei Hinsicht relevant.

Zum einen bestimmt das Verhältnis den Aufbau und die Konkurrenzen. Wer § 211 StGB als Qualifikation des § 212 StGB sieht, muss entweder §§ 211, 212 StGB zusammen prüfen oder § 212 StGB vor § 211 StGB. Konkurrenzrechtlich muss Spezialität des § 211 StGB angenommen werden. Wer dagegen § 212 StGB als einen von § 211 StGB völlig unabhängigen, eigenständigen Tatbestand ansieht, darf beide keinesfalls zusammen prüfen. Er muss § 211 StGB vor § 212 StGB prüfen, weil § 211 StGB das schwerere Delikt enthält. Konkurrenzrechtlich muss Tateinheit nach § 52 StGB angenommen werden.

51 Vgl. etwa Fischer, StGB, § 211 Rn. 6.

Zum anderen spielt das Verhältnis aber in Teilnahmefällen eine Rolle, in denen ein besonderes persönliches Merkmal im Sinne von § 28 StGB nicht bei Täter und Teilnehmer gleichermaßen vorliegt. Wer § 212 StGB als Grundtatbestand und § 211 StGB als Qualifikation ansieht, muss in solchen Fällen die Regelung des § 28 Abs. 2 StGB anwenden und eine Tatbestandsverschiebung prüfen, denn wenn § 211 StGB eine Qualifikation zu § 212 StGB enthält, so sind sämtliche Mordmerkmale des § 211 StGB keine strafbarkeitsbegründenden Merkmale im Sinne von § 28 Abs. 1 StGB, sondern solche, die die Strafbarkeit schärfen. Nach § 28 Abs. 2 StGB kommt daher bei den täterbezogenen Merkmalen eine Akzessorietätslockerung infrage, welche zu einer Tabestandsverschiebung führen kann. Wer dagegen § 212 StGB und § 211 StGB als voneinander unabhängige Tatbestände ansieht, muss davon ausgehen, dass sämtliche Mordmerkmale des § 211 StGB die Strafbarkeit erst im Sinne von § 28 Abs. 1 StGB begründen. Denn ihr Vorliegen begründet eine - von § 212 StGB unabhängige - Strafbarkeit des Täters. Nur in Teilnahmefällen, in denen § 28 StGB anzuwenden ist, ist eine ausdrückliche Erörterung des Verhältnisses von § 211 StGB zu § 212 StGB geboten, denn hier muss geprüft und begründet werden, ob § 28 Abs. 1 StGB oder § 28 Abs. 2 StGB anzuwenden ist.

Von überragender Wichtigkeit ist, dass der Klausurbearbeiter sich nicht in Widersprüche verwickelt. Wer sich für eine bestimmte Sichtweise über das Verhältnis von § 211 StGB und § 212 StGB entschieden hat, muss diese auch konsequent durchziehen. Es wäre daher eine Katastrophe, wenn ein Bearbeiter durch die gemeinsame Prüfung von §§ 211, 212 StGB zum Ausdruck bringt, dass er von einem Qualifikationsverhältnis ausgeht, und dann aber § 28 Abs. 1 StGB anwendet, weil er der Meinung ist, es handele sich um zwei voneinander unabhängige Tatbestände.

Fehler Nr. 30**

(§ 212 StGB)

»T hat den objektiven Tatbestand des § 212 StGB erfüllt. Er müsste auch vorsätzlich gehandelt haben. Dies ist hier der Fall. Fraglich ist nur, ob es sich um Dolus directus 2. Grades oder um Dolus eventualis handelt.«

Die Abgrenzung zwischen Eventualvorsatz und direktem Vorsatz kann im Einzelfall schwierig sein. Umso wichtiger ist es, damit keine kostbare Zeit zu verschwenden, wenn es darauf nicht ankommt. § 212 StGB setzt Vorsatz voraus, aber keine bestimmte Vorsatzart. Der häufige Anfängerfehler, bei der Prüfung des § 212 StGB die Vorsatzart genau bestimmen zu wollen, muss unbedingt vermieden werden. Wenn feststeht, dass Eventualvorsatz oder direkter Vorsatz vorliegt, genügt das.

Fehler Nr. 31**

(§ 211 StGB)

»T könnte sich wegen Mordes aus Heimtücke nach § 211 StGB strafbar gemacht haben.«

Heimtücke ist ein Mordmerkmal der zweiten Gruppe, also ein tatbezogenes. Es handelt sich nicht um ein Motiv. Man kann einen Menschen auf heimtückische Art und Weise töten, aber es ist denknotwendig ausgeschlossen, einen Menschen »aus« Heimtücke umzubringen.

Fehler Nr. 32*

(§ 211 StGB)

»T handelte nicht mit Verdeckungsabsicht, da er den O nur mit bedingtem Vorsatz getötet hat.«

Verdeckungsabsicht im Sinne von § 211 Abs. 2 Gruppe 3 StGB setzt keine Tötungsabsicht voraus. Es ist durchaus möglich, einen Menschen mit Verdeckungsabsicht bedingt vorsätzlich zu töten.[52] Wenn beispielsweise der Täter die Wohnung, in der er eine Straftat begangen hat, anzündet, um zu verhindern, dass die dort begangene Straftat entdeckt wird, weist er Verdeckungsabsicht auf. Wenn er dabei billigend in Kauf nimmt, dass durch das Feuer Menschen in anderen Wohnungen sterben werden, liegt parallel zur Verdeckungsabsicht bedingter Tötungsvorsatz vor. Das einzige Mordmerkmal, welches nicht mit Eventualvorsatz vereinbar ist, ist Mordlust. Denn bei dieser kommt es dem Täter ja gerade auf den Tod des Opfers an.

Fehler Nr. 33**

(§ 211 StGB)

»T könnte sich wegen versuchten Mordes nach §§ 211, 212 StGB strafbar gemacht haben, indem er auf O schoss. Dazu müsste er zunächst den Tatentschluss gehabt haben. Tatentschluss hinsicht-

52 Fischer, StGB, § 211 Rn. 79a.

lich der Tötung lag vor, da T den O absichtlich erschossen hat. Auch müsste T Tatentschluss, d. h. Vorsatz hinsichtlich der Habgier, gehabt haben.«

Ein versuchter Habgiermord setzt keinen Tatentschluss hinsichtlich der Habgier vor. Hagbier ist ein Mordmerkmal der ersten Gruppe, also ein täterbezogenes. Der Täter muss sich aber nicht seiner Habgier bewusst sein bzw. der habgierige Täter wird sich immer seiner Habgier bewusst sein, weil Habgier sonst nicht vorliegen kann. Aber für die Strafbarkeit ist dies irrelevant. Der Täter muss sich lediglich dazu entschließen, einen Menschen zu töten. Dieser Entschluss muss aus Habgier getroffen worden sein. Damit liegt der subjektive Tatbestand des versuchten Habgiermordes bereits vor.

Kommen tatbezogene Mordmerkmale infrage, muss sich der Tatenschluss auch auf diese beziehen. Solche sind nämlich Teil des objektiven Tatbestands und daher Gegenstand des Vorsatzes bzw. Tatentschlusses.

Fehler Nr. 34**

(§ 211 StGB)

»T könnte sich wegen versuchten Mordes nach §§ 211, 212, 22, 23 StGB strafbar gemacht haben, indem er aus dem Hinterhalt heraus auf O geschossen hat. Der Tatentschluss liegt vor, da T Vorsatz hinsichtlich der Tötung des O hatte. Außerdem müsste T auch unmittelbar zur Tat angesetzt haben. Dazu müsste er zunächst die Schwelle zum ›Jetzt-geht's-los‹ derart überschritten haben, dass zur Herbeiführung des tatbestandlichen Erfolgs aus seiner Sicht keine weiteren Zwischenakte mehr erforderlich gewesen sind. Dies

ist hier mit dem Abgeben des Schusses der Fall. Fraglich ist, ob T auch heimtückisch im Sinne von § 211 Abs. 2 gehandelt hat.«

Dieser gravierende Aufbaufehler tritt sehr häufig auf. Viele Studierende meinen, die tatbezogenen und damit objektiven Mordmerkmale seien bei der Prüfung des versuchten Mordes stets beim objektiven Tatbestand, also dem unmittelbaren Ansetzen zur Tat, zu prüfen. Dies ist aber völlig falsch und verkennt die Struktur der Versuchsprüfung grundlegend. Bei der Prüfung des Versuchs werden sämtliche Tatbestandsmerkmale, die zum objektiven Tatbestand des jeweiligen Delikts gehören, im subjektiven Versuchstatbestand, also beim Tatentschluss, geprüft. Es muss nämlich geklärt werden, ob der Täter sich entschlossen hat, sämtliche objektive Merkmale des jeweiligen Straftatbestandes zu verwirklichen. Ist dies der Fall, ist er zur Tat entschlossen. Erfordert der jeweilige Straftatbestand außer Vorsatz auch noch weitere subjektive Elemente (z. B. Zueignungsabsicht, Bereicherungsabsicht etc.), so handelt es sich um einen Straftatbestand mit überschießender Innentendenz. Diese zusätzlichen Merkmale müssen ebenfalls im subjektiven Versuchstatbestand geprüft werden, gehören also ebenfalls zum Tatentschluss. Daraus ergibt sich, dass sämtliche Tatbestandsmerkmale des jeweiligen Delikts – objektive und subjektive – bei der Versuchsstrafbarkeit im Tatentschluss geprüft werden. Beim objektiven Versuchstatbestand, dem unmittelbaren Ansetzen, wird völlig deliktsunabhängig nur untersucht, ob sich der Tatentschluss schon in relevanter Weise manifestiert hat, ob also der Täter die Schwelle zum »Jetzt-geht's-los« bereits durch die Vornahme einer Handlung überschritten hat, die aus seiner

Sicht unmittelbar – d. h. ohne weitere Zwischenakte – zur Tatbestandsverwirklichung führen wird.

Fehler Nr. 35***

(§ 222 StGB)

»T könnte sich wegen fahrlässiger Tötung nach § 222 StGB strafbar gemacht haben, indem er O angefahren hat. Der objektive Tatbestand ist verwirklicht. Fraglich ist, ob auch der subjektive Tatbestand erfüllt ist. Dazu müsste T fahrlässig gehandelt haben.«

Fahrlässigkeitsdelikte haben keinen subjektiven Tatbestand. Sie zeichnen sich gerade durch das Fehlen eines subjektiven Unrechtskerns aus. Denn Fahrlässigkeit ist etwas Objektives. Der Tatbestand der Fahrlässigkeitsdelikte ist daher stets völlig frei von subjektiven Elementen. Erst im Rahmen der Schuld wird geprüft, ob die Tat dem Täter auch subjektiv vorwerfbar ist.

Fehler Nr. 36*

(§ 223 StGB)

»T hat O mit einem Faustschlag die Nase gebrochen. Dies könnte eine körperliche Misshandlung und eine Gesundheitsschädigung sein. Körperliche Misshandlung ist ...«

Bedarf es wirklich einer juristischen Begutachtung, um sagen zu können, ob eine durch Faustschlag gebrochene Nase eine Körperverletzung im Sinne von § 223 StGB darstellt? Eher nicht. Daher ist Gutachtenstil in solch eindeutigen Fällen eher unangebracht. Es genügt eine kurze Feststellung, dass der Faustschlag gegen die

Nase eine körperliche Misshandlung ist und die gebrochene Nase eine Gesundheitsschädigung begründet. Für eine juristische Prüfung lässt der klare Sachverhalt insoweit keinen Raum.

Fehler Nr. 37*

(§ 224 StGB)

»T könnte sich wegen schwerer Körperverletzung gemäß §§ 223, 224 StGB strafbar gemacht haben, indem er ...«

Ein erschreckend häufiger Fehler, der so unnötig ist, wie kaum ein zweiter. § 224 StGB stellt die gefährliche Körperverletzung unter Strafe. Die schwere Körperverletzung pönalisiert § 226 StGB. Ein Blick auf die amtlichen Überschriften genügt, um die korrekte Terminologie verwenden zu können.

Fehler Nr. 38**

(§ 224 StGB)

»Ein hinterlistiger Überfall im Sinne von § 224 Abs. 1 Nr. 3 StGB setzt die Arg- und Wehrlosigkeit des Opfers voraus.«

Nein, ein hinterlistiger Überfall setzt mehr voraus als lediglich die Arg- und Wehrlosigkeit des Opfers. Die Arg- und Wehrlosigkeit des Opfers genügt nur für die Annahme von Heimtücke im Sinne von § 211 Abs. 2 StGB. Heimtücke ist aber weniger als Hinterlist. Bei der Heimtücke ist das Opfer bereits »von sich aus« arg- und wehrlos. Hinterlist stellt dagegen auf das Verhalten des Täters ab. Er muss sich in einer Weise verhalten, die dem Opfer die Abwehr unmöglich macht oder wesentlich erschwert. Das bloße Ausnutzen des Überraschungsmoments – wie bei der Heimtücke – genügt gerade nicht.

Fehler Nr. 39***

(§ 224 StGB)

»Eine lebensgefährdende Behandlung im Sinne von § 224 Abs. 1 Nr. 5 StGB liegt nicht vor, weil T den O nicht töten wollte.«

Hier liegt zunächst ein katastrophaler Fehler darin, dass das objektive Tatbestandsmerkmal der lebensgefährdenden Behandlung durch den angeblich fehlenden Tötungsvorsatz begründet wird.

Des Weiteren hat die lebensgefährdende Behandlung nichts mit dem Tod zu tun. Sie muss nach herrschender Meinung nur geeignet sein, das Leben des Opfers in Gefahr zu bringen. Ob im konkreten Fall tatsächlich eine Lebensgefahr eingetreten ist, ist unerheblich.[53] Daher kann es auch im subjektiven Tatbestand dann nicht darauf ankommen, ob der Täter das Opfer töten wollte oder nicht. Entscheidend ist, ob er eine Handlung vornehmen wollte, die das Opfer in die Gefahr des Todes hätte bringen können.

Fehler Nr. 40*

(§ 228 StGB)

»Das Verhalten des T könnte aber nach § 228 StGB durch Einwilligung gerechtfertigt sein.«

Die Regelung des § 228 StGB enthält keinen Rechtfertigungsgrund. Insbesondere regelt sie nicht die Einwilligung. Im Gegenteil. Nach

53 Fischer, StGB, § 224 Nr. 12.

§ 228 StGB ist die Einwilligung unwirksam, wenn die Tat gegen die guten Sitten verstößt. Die Vorschrift des § 228 StGB enthält also einen Ausschlussgrund für die jedenfalls nach Gewohnheitsrecht anerkannte rechtfertigende Einwilligung. Es ist daher fehlerhaft, wenn man im Obersatz suggeriert, § 228 StGB enthalte eine Rechtfertigungsvorschrift.

Fehler Nr. 41*

(§ 228 StGB)

»Die Einwilligung könnte jedoch unwirksam sein, wenn sie nach § 228 StGB gegen die guten Sitten verstößt.«

Nicht die Einwilligung, sondern die Tat darf nach § 228 StGB nicht gegen die guten Sitten verstoßen. Bei der Beurteilung der Sittenwidrigkeit ist zwar zu beachten, dass eine Einwilligung gegeben ist, jedoch ist nicht die Einwilligung Gegenstand der Sittenwidrigkeitsbeurteilung, sondern die ausgeführte Straftat.

Fehler Nr. 42*

(§ 231 StGB)

»Der subjektive Tatbestand des § 231 Abs. 1 StGB ist aber nicht erfüllt, da T nicht wollte und auch nicht wusste, dass durch die Schlägerei der O zu Tode kommen würde.«

Das musste er auch weder wissen noch wollen. Der Tod bzw. eine schwere Körperverletzung ist nicht Tatbestandsvoraussetzung des § 231 StGB, sondern objektive Bedingung der Strafbarkeit. Als Konsequenz daraus muss sich der Vorsatz darauf eben gerade nicht beziehen. Etwaige Irrtümer des Täters über die Folgen der Schlägerei führen daher nicht nach § 16 Abs. 1 StGB zum Entfallen des Tatbestandsvorsatzes.

Fehler Nr. 43***

(§ 239a StGB)

»Der Tatbestand des § 239a Abs. 1 StGB setzt zunächst die Begehung einer Erpressung voraus.«

Nein! Ein erpresserischer Menschenraub setzt lediglich die Absicht des Täters voraus, eine Erpressung zu begehen (»... um ... zu ...«). Eine Erpressung muss also tatsächlich nicht begangen werden. Es genügt, dass der Täter die stabile Bemächtigungslage, in die er das Opfer verbracht hat, zur Begehung einer Erpressung ausnutzen will.

Fehler Nr. 44**

(§ 240 StGB)

»Der Tatbestand des § 240 StGB setzt aber voraus, dass die Nötigung rechtswidrig erfolgt ist.«

Die Regelung des § 240 Abs. 2 StGB enthält eine Regelung darüber, wann die Nötigung rechtswidrig ist. Ausnahmsweise ist die Rechtswidrigkeit also nicht indiziert, sondern muss nach Maßgabe des § 240 Abs. 2 StGB positiv festgestellt werden.

Ob diese Feststellung im Rahmen des Tatbestands erfolgt, hängt davon ab, ob man die Rechtswidrigkeit im Sinne eines zweistufigen Verbrechensaufbaus (Tatbestand und Schuld) als

Tatbestandsmerkmal ansieht oder dem herrschenden dreistufigen Verbrechensaufbau (Tatbestand, Rechtswidrigkeit, Schuld) folgt.

Wenn man den zweistufigen Aufbau vertreten möchte, kommt die Regelung des § 240 Abs. 2 StGB auf Tatbestandsebene zur Anwendung. Dann muss allerdings in der gesamten Klausur durchgehend der zweistufige Verbrechensaufbau angewendet werden. Lässt man durch Anwendung des dreistufigen Verbrechensaufbaus erkennen, dass man diesen vertritt, und erörtert dann aber bei der Prüfung der Nötigung die Regelung des § 240 Abs. 2 StGB im Tatbestand, liegt ein gravierender Widerspruch im Aufbau vor.

Fehler Nr. 45*

(§ 242 StGB)

»Fraglich ist, ob der Pkw eine bewegliche Sache im Sinne von § 242 StGB ist.«

Das ist so unfraglich, dass es lächerlich wirkt, hier eine gutachtliche Prüfung vorzunehmen. Jeder Gegenstand, der als Objekt des Diebstahls infrage kommt, ist zwingend eine bewegliche Sache. Hierzu darf nicht mehr als ein einziger Satz im Feststellungsstil geschrieben werden.

Fehler 46***

(§ 242 StGB)

»Der Pkw könnte für T fremd sein, da er ihn bereits an O verkauft hat.«

Das Trennungs- und Abstraktionsprinzip muss auch im Strafrecht zwingend beachtet werden. Der Umstand des Verkaufs spielt als solcher für die Frage der Fremdheit keine Rolle. Entscheidend für die Fremdheit ist allein die dingliche Rechtslage. Diese wird durch den Abschluss eines Kaufvertrages nicht beeinflusst.

Fehler Nr. 47***

(§ 242 StGB)

»O hatte Gewahrsam an dem Pkw, da er der Eigentümer ist.«

Man kann Gewahrsam keinesfalls damit begründen, dass man auf die Eigentumslage abstellt. Eigentum ist rechtliche Herrschaft, Gewahrsam ist die tatsächliche Herrschaft unter Berücksichtigung der Sozialanschauung. Das eine hat mit dem anderen nicht das Geringste zu tun.

Fehler Nr. 48**

(§ 242 StGB)

»O war Besitzer des Pkw und T hat diesen Gewahrsam gebrochen.«

Auch darf keinesfalls Besitz mit Gewahrsam gleichgestellt werden. Die beiden Begriffe sind nicht synonym. Sie haben einen unterschiedlichen Bedeutungsgehalt. Zwar fällt der unmittelbare Besitz regelmäßig mit dem Gewahrsam zusammen. D. h., wer unmittelbarer Besitzer einer Sache ist, hat in der Regel auch Gewahrsam an ihr. Dies ist jedoch nicht zwingend. Eine Person kann nämlich durchaus Gewahrsamsinhaber sein, ohne sie zu besitzen. Insbesondere der Besitzdiener ist nach § 855 BGB nicht selbst Besitzer der Sache, in deren Bezug ihm die Eigenschaft als Besitzdiener zukommt. Er ist jedoch in Bezug auf diese Sache sehr wohl Gewahrsamsinhaber.

Auch geht zwar der Besitz nach § 857 BGB auf den Erben über. Diese Fiktion ist jedoch nicht für den Gewahrsam anwendbar. Stirbt eine Person, so werden die Sachen, die sich bis zu ihrem Tode in ihrem Gewahrsam befunden haben, gewahrsamslos oder der (neue) Inhaber der räumlichen Sphäre, innerhalb der sich die Sachen befinden, wird Gewahrsamsinhaber.

Fehler Nr. 49***

(§ 242 StGB)

»Der objektive Tatbestand des § 242 StGB setzt voraus, dass sich der Täter die Sache rechtswidrig zueignet.«

Das ist natürlich völlig falsch. Der objektive Tatbestand des § 242 Abs. 1 StGB setzt lediglich voraus, dass der Täter eine fremde bewegliche Sache wegnimmt. Erst auf subjektiver Ebene kommt ein Zueignungselement zum Tragen.

Fehler Nr. 50*

(§ 242 StGB)

»Der subjektive Tatbestand des § 242 StGB setzt eine rechtswidrige Zueignungsabsicht voraus.«

Dieser Fehler ist geradezu ein Massenphänomen und wohl nicht ausrottbar. Nicht die Zueignungsabsicht als solche muss rechtswidrig sein. Eine bloße Absicht kann nach heutigem Strafrecht der Bundesrepublik Deutschland nicht strafbar sein. Gegenstand der Rechtswidrigkeit ist vielmehr die beabsichtigte

Zueignung. D. h., das, was der Täter subjektiv anstrebt, ist etwas, das im Falle des tatsächlichen Vorliegens objektiv rechtswidrig wäre. Der subjektive Tatbestand des § 242 StGB setzt also voraus: Vorsatz bezüglich aller objektiven Tatbestandsmerkmale, Zueignungsabsicht, die objektive Rechtswidrigkeit der beabsichtigten Zueignung und Vorsatz bezüglich dieser objektiven Rechtswidrigkeit.

Fehler Nr. 51***

(§ 242 StGB)

»Der Tatbestand des § 242 StGB ist damit erfüllt. Die Tat ist aber nicht rechtswidrig, wenn die beabsichtigte Zueignung gerechtfertigt ist.«

Keinesfalls darf die Rechtswidrigkeit der beabsichtigten Zueignung mit der (allgemeinen) Rechtswidrigkeit der Tat verwechselt werden. Die Rechtswidrigkeit der beabsichtigten Zueignung ist ein im subjektiven Tatbestand zu prüfendes objektives Tatbestandsmerkmal. Dieses drückt den Widerspruch des Verhaltens des Täters zur materiellen Eigentumsordnung aus. Es ist immer dann erfüllt, wenn der Täter objektiv keinen fälligen, einredefreien Anspruch auf Übereignung der weggenommenen Sache hat.

Dagegen ist die allgemeine Rechtswidrigkeit der Tat insgesamt – wie sonst auch – indiziert und entfällt nur ausnahmsweise dann, wenn Rechtfertigungsgründe eingreifen. Denkbar ist bei § 242 StGB allenfalls Notstand nach § 34 StGB.

Fehler Nr. 52**

(§ 243 StGB)

»T könnte sich auch wegen schweren Diebstahls nach § 243 StGB strafbar gemacht haben, indem er ...«

Die Vorschrift des § 243 StGB enthält eine Strafzumessungsregel und keine Qualifikation zu § 242 StGB. Sie ist grundsätzlich im Rahmen der Prüfung des § 242 StGB als vierter Punkt nach der Schuld unter dem Aspekt »Strafzumessung« zu prüfen.

Fehler Nr. 53**

(§ 244 StGB)

»T könnte sich wegen Diebstahls mit Waffen nach §§ 242, 244 Abs. 1 Nr. 1 a) StGB strafbar gemacht haben, indem er bei der Entwendung der Uhr eine Axt bei sich führte. Dazu müsste es sich bei der Axt um eine Waffe oder ein anderes gefährliches Werkzeug handeln. Da eine Axt keine Waffe im technischen Sinne ist, kommt nur ein anderes gefährliches Werkzeug in Betracht. Gefährliches Werkzeug ist ein Gegenstand, der nach seiner Beschaffenheit oder der Verwendung im konkreten Einzelfall geeignet ist, erhebliche Verletzungen zu bewirken.«

Die Definition des gefährlichen Werkzeugs ist zwar richtig, aber nicht bei § 244 StGB, sondern nur bei § 224 StGB. Die Relativität der Rechtsbegriffe wirkt sich auch hier aus. Ein und derselbe Begriff muss an verschiedenen Stellen im Gesetz nicht unbedingt dieselbe Bedeutung haben. Es kommt immer auch auf den konkreten Zusammenhang an.

Bei § 224 StGB geht es um gefährliche Verhaltensweisen, also um bestimmte Arten, eine Körperverletzung auszuführen, die wegen unabsehbarer Folgen als besonders gefährlich einzustufen sind. Sinn und Zweck des § 224 StGB ist es deshalb, den aufgrund der gefährlichen Begehungsweise höheren Unrechtsgehalt zu erfassen und entsprechend härter zu sanktionieren. Deshalb kann bei § 224 Abs. 1 Nr. 2 StGB der unbestimmte Begriff des gefährlichen Werkzeugs problemlos dadurch konkretisiert werden, dass unter Rückgriff auf den Sinn und Zweck der Vorschrift auf die Art und Weise der Verwendung des Gegenstands abgestellt wird. Wird ein Gegenstand in gefährlicher Weise eingesetzt, so handelt es sich um ein gefährliches Werkzeug.

Bei § 244 Abs. 1 Nr. 1 a) StGB geht es jedoch nicht darum, dass ein Werkzeug in gefährlicher Weise eingesetzt wird. Ausweislich des ausdrücklichen Wortlauts kommt es auf einen Einsatz des Werkzeugs gar nicht an. Die höhere Strafandrohung des § 244 StGB gilt schon dann, wenn der Täter das Werkzeug lediglich bei sich führt. Wenn es aber nur auf ein Beisichführen ankommt, kann zur Konkretisierung des unbestimmten Begriffs des gefährlichen Werkzeugs an dieser Stelle nicht auf die Verwendung abgestellt werden. Der in § 244 Abs. 1 Nr. 1 a) StGB verwendete Begriff des gefährlichen Werkzeugs muss daher ein anderer sein als in § 224 Abs. 1 Nr. 2 StGB. Wie er konkretisiert werden soll, ist eine der umstrittensten Fragen im heutigen Strafrecht der Bundesrepublik Deutschland.[54]

54 Vgl. etwa Fischer, StGB, § 244 Rn. 13 ff.

Fehler Nr. 54***

(§ 246 StGB)

»Der subjektive Tatbestand des § 246 Abs. 1 StGB setzt voraus, dass der Täter mit Zueignungsabsicht handelt.«

Nein, der subjektive Tatbestand des § 246 Abs. 1 StGB setzt lediglich Vorsatz in Bezug auf den objektiven Tatbestand voraus. Der objektive Tatbestand setzt wiederum die rechtswidrige Zueignung einer fremden beweglichen Sache voraus. Was bei § 242 Abs. 1 StGB Gegenstand des subjektiven Tatbestands ist, ist bei § 246 Abs. 1 StGB im objektiven Tatbestand zu prüfen.

Fehler Nr. 55**

(§ 249 StGB)

»T hat sich wegen Diebstahls strafbar gemacht. Womöglich ist die Tat als Raub nach § 249 StGB qualifiziert.«

Raub ist kein qualifizierter Diebstahl, sondern ein eigenständiges Delikt. Schutzzweck des § 249 StGB ist nicht nur das Eigentum, sondern auch die persönliche Freiheit.[55]

55 Fischer, StGB, § 249 Rn. 2.

Fehler Nr. 56*

(§ 252 StGB)

»Der subjektive Tatbestand des § 252 StGB setzt voraus, dass der Täter die Absicht hat, sich oder einem Dritten den Besitz an der Sache zu erhalten.«

Beim räuberischen Diebstahl lässt der Gesetzgeber im subjektiven Tatbestand keine Drittbesitzerhaltungsabsicht ausreichen. Anders als bei § 242 StGB, § 246 StGB und § 249 StGB, wo Drittzueignungsabsicht genügt, kommt es bei § 252 StGB – rechtspolitisch und rechtssystematisch sehr fragwürdig – nur darauf an, ob der Täter sich selbst den Besitz erhalten will.

Fehler Nr. 57**

(§ 255 StGB)

»T könnte sich wegen räuberischer Erpressung nach §§ 253, 255 StGB strafbar gemacht haben, indem er dem O das Messer an den Hals gehalten hat. Fraglich ist, ob ein Raub oder eine räuberische Erpressung vorliegt.«

Im Obersatz war noch eine Prüfung der räuberischen Erpressung in Aussicht gestellt. Schon im nächsten Satz wird eine völlig andere Frage aufgeworfen. Die Abgrenzung zwischen Raub und räuberischer Erpressung gehört zu den umstrittensten Fragen im Besonderen Teil des Strafgesetzbuches. Sie ist aber nicht wegen ihrer Diffizilität so interessant, dass sie in jedem Klausurfall, in dem es um Raubtaten geht, vorkommen muss. Die Abgrenzung ist dann und nur dann vorzunehmen, wenn es auf sie ankommt, und dann nicht irgendwo, sondern an der Stelle, an der es auf diese Abgrenzung tatsächlich ankommt. Beginnt man mit der Prüfung eines Raubes gemäß § 249 StGB, so ist die Abgrenzung relevant beim Prüfungspunkt »Wegnahme«, genauer gesagt beim Unterpunkt »Gewahrsamsbruch oder einverständliche Herausgabe?«. Wenn man mit der Prüfung der räuberischen Erpressung beginnt, ist die Abgrenzung zum Raub beim Prüfungspunkt »Nötigungserfolg« relevant.

Fehler Nr. 58**

(§ 263 StGB)

»T könnte sich wegen Betruges nach § 263 StGB strafbar gemacht haben, indem er dem O das Geld abgenommen hat.«

Beim Betrug muss wegen der Möglichkeit, dass der Getäuschte und der Geschädigte nicht personenidentisch sind (Dreiecksbetrug), immer schon im Obersatz klargestellt werden, zu wessen Nachteil der Betrug begangen sein könnte.

Des Weiteren muss im Obersatz als Tathandlung dasjenige Verhalten genannt werden, welches das Tatbestandsmerkmal der Täuschung erfüllen könnte. Jemandem Geld abzunehmen, ist keine Täuschung über Tatsachen. Daher enthält der Obersatz keine Tathandlung, die geeignet ist, den Tatbestand des Betrugs zu erfüllen.

Fehler Nr. 59**

(§ 263 StGB)

»T hat durch sein bloßes Schweigen keine aktive Täuschungshandlung begangen. Er könnte aber durch Unterlassen getäuscht haben.«

Das ist zu vorschnell. Wenn sich jemand in passiver Weise verhält, mag zwar keine ausdrückliche Täuschungshandlung vorliegen. Bevor dann aber sofort auf ein Täuschen durch Unterlassen rekurriert wird, muss unbedingt vorher geprüft werden, ob eine Täuschung durch konkludentes Verhalten gegeben ist. Auch bloßes Schweigen kann in bestimmten Situationen etwa als »Suggestion der Ordnungsmäßigkeit« eine konkludente Täuschung darstellen. Der wesentliche Unterschied zwischen einer Täuschung durch Unterlassen und einer Täuschung durch konkludentes Verhalten besteht darin, dass für eine Täuschung durch Unterlassen eine Garantenstellung nach § 13 StGB nötig ist. Da eine solche oftmals nicht vorliegen wird, wäre der Täter dann straflos.

Fehler Nr. 60***

(§ 263 StGB)

»T hat den O getäuscht. Fraglich ist, ob dem O daraus ein Vermögensschaden entstanden ist.«

Hier wurde das Tatbestandsmerkmal der Vermögensverfügung vergessen. Dieses wird zwar nicht ausdrücklich im Gesetzeswortlaut vorausgesetzt, nach allgemeiner Auffassung ist es aber aus systematischen Gründen in den Tatbestand »hineinzulesen«. Da es für den Täter günstig ist, ein zusätzliches Merkmal zur Begründung der Strafbarkeit zu fordern, bestehen dagegen keine rechtsstaatlichen Bedenken.

Fehler Nr. 61**

(§ 263 StGB)

»O müsste eine Vermögensverfügung vollzogen haben. Vermögensverfügung ist jedes Verhalten, das unmittelbar vermögensmindernd wirkt. O hat dem T das Geld gegeben. Er hat allerdings von T auch eine Gegenleistung erhalten. Fraglich ist, ob diese den Geldverlust ausgleicht.«

Das ist in der Tat zu prüfen, aber an anderer Stelle. Bei der Vermögensverfügung kommt es ausschließlich darauf an, ob der Getäuschte sich in einer Weise verhält, die zu einer unmittelbaren Vermögensminderung führt. Wenn dies der Fall ist, ist eine Vermögensverfügung gegeben. Ob die Vermögensminderung kompensiert wurde, ist keine Frage der Vermögensverfügung, sondern des Vermögensschadens.

Fehler Nr. 62***

(§ 263 StGB)

»T müsste auch einen Vermögensvorteil erlangt haben.«

Das setzt der Tatbestand des § 263 StGB nicht voraus. Voraussetzung des objektiven Tatbestands ist ein auf eine Täuschung zurückzuführender Vermögensschaden. Ob mit dem Schaden ein Vermögensvorteil des Täters einhergeht, ist unerheblich. Ausschließlich im subjektiven Tatbestand ist ein Vorteilselement vorhanden, denn der Täter muss mit Bereicherungsabsicht handeln, d. h. einen Vermögensvorteil zielgerichtet anstreben.

Fehler Nr. 63*

(§ 263 StGB)

»T müsste mit rechtswidriger Bereicherungsabsicht gehandelt haben.«

Eine Absicht kann als solche nicht rechtswidrig sein. Rechtswidrig muss der vom Täter angestrebte Vermögensvorteil sein, d. h., der Erfolg, den der Täter anstrebt, widerspricht der zivilrechtlichen Güter- und Vermögenszuordnung. Vgl. dazu auch oben Fehler Nr. 50.

Fehler Nr. 64*

(§ 263a StGB)

»Indem T den Geldausgabeschlitz des Geldautomaten derart abgedeckt hat, dass keine Scheine ausgegeben werden, hat er eine sonst durch unbefugte Einwirkung auf den Ablauf einwirkende Beeinflussung im Sinne von § 263a Abs. 1 Alt. 4 StGB vorgenommen.«

Nicht jede kreative Manipulation eines Geldautomaten ist gleich ein Computerbetrug. Die Vorschrift des § 263a Abs. 1 StGB setzt auch in ihrem Auffangtatbestand voraus, dass der Datenverarbeitungsvorgang eines Computers beeinflusst wird. Dies ist nicht der Fall, wenn eine bloß mechanisch wirkende Beeinflussung der Funktion des Geräts vorgenommen wird. Wenn jemand einen Geldautomaten durch Gewalteinwirkung derart beschädigt, dass er kein Geld mehr ausgeben kann, würde man doch evident ebenfalls keinen Computerbetrug annehmen wollen.

Fehler Nr. 65**

(§ 265 StGB)

»Indem T die Versicherung über die Brandursache getäuscht hat, hat er sich wegen Versicherungsbetrugs nach § 265 StGB strafbar gemacht.«

Ein Delikt mit der Bezeichnung »Versicherungsbetrug« existiert im deutschen Strafrecht nicht. Das Gesetz kennt in § 263 StGB lediglich den Tatbestand des Betrugs. Wird ein solcher durch Vortäuschen eines Versicherungsfalls begangen, so kommt ein Betrug in einem besonders schweren Fall nach § 263 Abs. 1, Abs. 3 Nr. 5 StGB in Betracht.

Des Weiteren wird in § 265 StGB der Versicherungsmissbrauch unter Strafe gestellt. Ein solcher setzt aber keine Täuschungshandlung voraus. Es genügt bereits, dass eine versicherte Sache in tatbestandmäßiger Weise behandelt wird und dieses Verhalten von der Absicht getragen wird, die Versicherung zur Ersatzleistung zu veranlassen. Es handelt sich um einen sogenannten »Vorfeldtatbestand«, da er faktisch eine für ein anderes Delikt typische Vorbereitungshandlung selbstständig unter Strafe stellt. Das in § 265 StGB beschriebene Verhalten könnte nicht einmal als unmittelbares Ansetzen für einen versuchten Betrug ausreichen. Ein solches wäre erst mit der Meldung des Schadens an die Versicherung gegeben. Dass sogar der Versuch des Versicherungsmissbrauchs in § 265 Abs. 2 StGB unter Strafe gestellt wird (faktisch die versuchte Vorbereitung eines Betrugs!), zeugt von gelungener Lobbyarbeit der Versicherungsindustrie.

Fehler Nr. 66*

(§ 265a StGB)

»Indem T den Fahrkartenautomaten manipuliert hat, hat er den Tatbestand der Leistungserschleichung nach § 265a Abs. 1 StGB erfüllt.«

Das ist mit sehr guter Begründung im Ergebnis nicht unvertretbar. Der Fehler liegt in der Naivität, mit der an den Tatbestand des § 265a Abs. 1 StGB herangegangen wird. Automaten im Sinne dieser Vorschrift sind nach herrschender Meinung nur die Leistungsautomaten, nicht dagegen die Warenautomaten. Der Klausurbearbeiter muss erkennen lassen, dass er sich dieser Unterscheidung bewusst ist. Der Leistungsautomat vermittelt dem Benutzer eine Dienst- oder Werkleistung. Beispiele hierfür sind die automatische Autowaschanlage, der Passfotoautomat oder die Jukebox. Die einzige Leistung, die dagegen der Warenautomat erbringt, ist die Übereignung einer Sache. Der Benutzer nimmt bei einem solchen Automaten letztlich keine Leistung in Anspruch, er kauft schlichtweg eine Sache. Wird ein Warenautomat manipuliert, kommen nur § 242 StGB oder § 263a StGB infrage.

Fehler Nr. 67*

(§ 266b StGB)

»Indem T die Kreditkarte des O für sich benutzt hat, hat er sich des Missbrauchs von Scheck- und Kreditkarten nach § 266b Abs. 1 StGB strafbar gemacht.«

Die unbefugte Benutzung einer fremden Scheck- und Kreditkarte erfüllt nicht den Tatbestand des § 266b StGB. Diese Strafvorschrift regelt die Strafbarkeit eines Sonderfalls der Untreue, also den Missbrauch einer eingeräumten Möglichkeit, über fremdes Vermögen zu verfügen. Der Tatbestand setzt daher zwingend voraus, dass es sich bei der gebrauchten Zahlungskarte um eine dem Täter überlassene handelt. Der Täter muss berechtigter Inhaber der Karte sein. Benutzt er eine gestohlene Karte, kann die Benutzung einen Betrug nach § 263 StGB darstellen, nicht aber einen Fall des § 266 StGB.

Fehler Nr. 68**

(§ 267 StGB)

»Urkunde im Sinne von § 267 StGB ist jede schriftliche Äußerung einer Erklärung.«

Warum genau diese Definition mangelhaft ist, spielt an sich keine Rolle. Der Begriff der Urkunde im Strafrecht gehört zu denjenigen, die man unbedingt perfekt definieren können muss. Es handelt sich um essenzielles Grundwissen. Daher hier noch einmal: Urkunde ist die verkörperte Gedankenerklärung, die ihren Aussteller erkennen lässt und geeignet und bestimmt ist, im Rechtsverkehr Beweis zu erbringen.[56]

56 Fischer, StGB, § 267 Rn. 2.

Fehler Nr. 69***

(§ 303 StGB)

»T könnte sich wegen Sachbeschädigung nach § 303 StGB strafbar gemacht haben, indem er den Pkw des O rammte. T handelte zwar nicht vorsätzlich, jedoch könnte sein Verhalten fahrlässig gewesen sein.«

Die Strafvorschrift des § 303 StGB sagt nicht ausdrücklich, dass die Tat Vorsatz erfordert. Aber dies tut – soweit nicht eine bestimmte Vorsatzform vorausgesetzt wird – auch keine andere Strafnorm des StGB. Deshalb besagt § 15 StGB, dass für jedes Delikt Vorsatz erforderlich ist, sofern und soweit nicht ausdrücklich geregelt ist, dass Fahrlässigkeit genügt. Da es keinen Tatbestand der fahrlässigen Sachbeschädigung gibt, kommt eine entsprechende Strafbarkeit nicht in Frage.

Fehler Nr. 70**

(§ 315c StGB)

»T war infolge seiner Alkoholisierung schuldunfähig im Sinne von § 20 StGB, als er den Wagen gefahren hat. Womöglich kommt aber eine Strafbarkeit nach § 315c Abs. 1 StGB unter Berücksichtigung der alic in Frage. Die Rechtsfigur der alic ist sehr umstritten. Nach einer Auffassung ...«

Die Rechtsfigur der actio libera in causa ist in der Tat immer noch sehr umstritten. Diesen Streit aber ausgerechnet bei einem Straßenverkehrsdelikt austragen zu wollen, ist verfehlt. Soweit ersichtlich gibt es keine Auffassung, nach der die alic bei einem eigenhändigen

Delikt zur Anwendung kommen soll. Die Straßenverkehrsdelikte in § 315c StGB und § 316 StGB sind eigenhändige Delikte. Bei diesen kann die alic nicht angewandt werden. Eine davon abweichende Auffassung vertretbar zu begründen, dürfte in einer Klausur schon aufgrund der knappen Zeit ausgeschlossen sein.

Fehler Nr. 71***

(§ 316a StGB)

»Der Tatbestand des § 316a Abs. 1 StGB setzt zunächst die Begehung eines Raubes voraus.«

Das ist völlig falsch. Ein räuberischer Angriff auf Kraftfahrer setzt lediglich die Absicht des Täters voraus, eine Raubtat zu begehen (»... zur Begehung ...«). Ein Raub muss also tatsächlich nicht begangen worden sein. Es genügt ein Angriff auf einen Kraftfahrer, der von der Absicht getragen wird, eine Raubtat zu begehen.

Fehler Nr. 72**

(§ 323a StGB)

»T war infolge seiner Alkoholisierung jedoch nicht schuldfähig, vgl. § 20 StGB. Er hat sich somit nicht nach § 212 StGB strafbar gemacht. Womöglich hat er sich aber wegen Vollrauschs nach § 323a Abs. 1 StGB strafbar gemacht.«

Die Verneinung der Strafbarkeit ist hier sicherlich vorschnell. Der Bearbeiter muss in solchen Konstellationen erkennen lassen, dass er eine Strafbarkeit wegen Totschlags nach § 212 StGB in Verbindung mit den Grundsätzen zur actio libera in causa (alic) zumindest in

Betracht gezogen hat. Auch muss dann begründet werden, warum eine solche Strafbarkeit abgelehnt wird. Erst wenn feststeht, dass eine Strafbarkeit auch unter Berücksichtigung der alic ausscheidet, darf die Strafbarkeit wegen Vollrauschs untersucht werden.

Fehler Nr. 73**

(§ 323c StGB)

»T könnte sich wegen unterlassener Hilfeleistung nach § 323c StGB strafbar gemacht haben, indem er seine Ehefrau O nicht aus dem Wasser zog. Voraussetzung dafür ist eine Garantenstellung des T.«

Zwar mag eine Garantenstellung in diesem Sachverhalt aufgrund der familiären Verbundenheit zwischen O und T tatsächlich gegeben sein, erforderlich ist sie jedoch nicht, denn die unterlassene Hilfeleistung nach § 323c StGB stellt ein echtes Unterlassungsdelikt dar. Ein solches setzt aber nie eine Garantenstellung voraus, da das Unterlassen als solches Strafgrund ist und nicht – wie sonst bei den unechten Unterlassungsdelikten – das Unterlassen im Sinne von § 13 Abs. 1 StGB in seinem Unrechtsgehalt einem Tun gleichkommen muss, was aber nur im Falle einer Garantenstellung zutrifft.

Außerdem muss zunächst unbedingt eine Strafbarkeit wegen eines Tötungs- oder Körperverletzungsdelikts durch Unterlassen geprüft werden, bevor auf § 323c StGB rekurriert werden darf, denn in den meisten Klausuren werden die eigentlich relevanten Rechtsfragen des Falles im Bereich der unechten Unterlassungsdelikte zu finden und zu klären sein.

Fehler Nr. 74*

(§ 112 StPO)

»Die Anordnung der Untersuchungshaft müsste verhältnismäßig sein.«

Die Behauptung, dass bei der Untersuchungshaft zu prüfen sei, ob diese verhältnismäßig ist, findet sich auch in ansonsten fachlich guter Ausbildungsliteratur. Sie ist jedoch mit dem Gesetzeswortlaut nicht zu vereinbaren. Nach § 112 Abs. 1 S. 2 StPO darf die Untersuchungshaft nicht unverhältnismäßig sein. Das Gesetz verlangt also eine Prüfung der Unverhältnismäßigkeit, nicht der Verhältnismäßigkeit. Der Unterschied besteht in der Darlegungs- und Beweislast. Das Gesetz geht von der Verhältnismäßigkeit aus. Wenn diese Vermutung unzutreffend sein sollte, muss dies positiv festgestellt werden. Sofern sich keine Anhaltspunkte für die Unverhältnismäßigkeit ergeben, kann daher ohne Weiteres von der Verhältnismäßigkeit der Untersuchungshaft ausgegangen werden. Diese Konzeption beruht darauf, dass in § 112 Abs. 2 StPO mit den Haftgründen bereits eine gesetzliche Typisierung der Verhältnismäßigkeit vorgenommen wird. Sind Haftgründe gegeben, so ist die Untersuchungshaft damit grundsätzlich auch verhältnismäßig. Nur in besonderen Ausnahmefällen ist dies nicht der Fall, muss dann aber nach § 112 Abs. 1 S. 2 StPO positiv festgestellt werden.

Fehler Nr. 75*

(Tenorierung)

»Der Angeklagte ist schuldig des Diebstahls. Er wird deshalb zu einer Geldstrafe von 30 Tagessätzen zu je 20 Euro verurteilt. Der Angeklagte trägt die Kosten des Verfahrens und seine notwendigen Auslagen.«

Im Falle einer Verurteilung trägt der Angeklagte nach § 465 Abs. 1 StPO die Kosten des Verfahrens. Seine Auslagen trägt er sowieso, und zwar nicht nur die notwendigen, sondern all seine Auslagen. Eine Tenorierung der Auslagentragung ist also im Falle der vollen Verurteilung überflüssig. Erforderlich ist die Tenorierung, wer die notwendigen Auslagen des Angeklagten trägt, nur sofern und soweit sie jemand anderes als der Angeklagte trägt.

Aus § 464 Abs. 2 StPO ergibt sich ebenfalls nicht, dass stets eine ausdrückliche Entscheidung über die Tragung der notwendigen Auslagen erfolgen muss. Diese Vorschrift besagt nur, dass wenn eine solche Entscheidung getroffen wird, dies in dem verfahrensabschließenden Urteil (und nicht etwa in einem nachfolgenden Beschluss) geschehen muss.

8.2 Übungsteil Strafrecht

Aufgabe 1

T bittet den O darum, ihm kurz sein Handy für ein wichtiges Telefonat auszuleihen. O übergibt dem T daraufhin sein Handy. T tut zunächst so, als würde er damit telefonieren wollen, rennt dann aber mit dem Gerät davon. O eilt hinterher und holt T schließlich ein. Um das Handy nicht wieder herausgeben zu müssen, schlägt T den O nieder und entkommt. Wie hat sich T strafbar gemacht?

Lösung:

Tatkomplex: Das Telefonat

T könnte sich wegen Diebstahls gemäß § 252 Abs. 1 StGB strafbar gemacht haben, indem er mit dem Handy des O weggelaufen ist.

I. Tatbestand

1. Objektiver Tatbestand

a) fremde bewegliche Sache

Bei dem Handy handelt es sich um eine bewegliche Sache, die im Alleineigentum des O steht und für T daher fremd ist.

b) Wegnahme

T müsste dem O das Handy weggenommen haben. Wegnahme ist Bruch fremden und Begründung neuen Gewahrsams. Ursprünglich hatte O Gewahrsam an dem Handy.

Spätestens dadurch, dass T mit dem Handy weggelaufen ist, hat er neuen – eigenen – Gewahrsam daran begründet. Fraglich ist, ob dies durch »Bruch« geschah, also gegen den Willen des O. O hat dem T das Handy freiwillig übergeben. Fraglich ist aber, ob bereits durch die Übergabe neuer Gewahrsam begründet worden ist. Gewahrsam ist die von einem natürlichen Herrschaftswillen getragene tatsächlich-soziale Herrschaft über eine Sache. Maßgeblich zur Beurteilung der Gewahrsamsverhältnisse ist die Verkehrsanschauung. Zwar hielt T das Handy infolge der Übergabe in seinen Händen, er hielt sich jedoch räumlich noch in unmittelbarer Nähe des O auf. Da er das Handy am Ohr hielt, hätte O darauf auch noch zugreifen können. Daher ist nicht von einem Gewahrsamswechsel durch Übergabe auszugehen. Die Zugriffsmöglichkeit des O endete erst damit, dass T mit dem Handy weggelaufen ist. Dies geschah ohne Einverständnis des O. Daher wurde der Gewahrsamswechsel durch »Bruch« herbeigeführt. Eine Wegnahme liegt folglich vor. (Wer sich hier – gut vertretbar – anders, d. h. gegen eine Wegnahme, entscheidet, wird zu einer Strafbarkeit wegen Unterschlagung kommen müssen. Er kann später dann keinen räuberischen Diebstahl bejahen.)

2. Subjektiver Tatbestand

T handelte vorsätzlich und in der Absicht, sich das Handy rechtswidrig zuzueignen.

II. Rechtswidrigkeit und Schuld

In Ermangelung von Rechtfertigungs- und Entschuldigungsgründen ist die Tat rechtswidrig und schuldhaft.

III. Ergebnis

T hat sich wegen Diebstahls gemäß § 242 Abs. 1 StGB strafbar gemacht.

Tatkomplex: Die Flucht

T hat sich wegen räuberischen Diebstahls nach § 252 StGB strafbar gemacht, indem er O niedergeschlagen hat. Da sich hier keine besonderen Probleme stellen, wird auf eine Prüfung verzichtet. Der Fall dient in erster Linie der Veranschaulichung der Konsequenzen einer Entscheidung für eine Strafbarkeit wegen Diebstahls. In allen Fällen, in denen Diebstahl von Betrug oder Diebstahl von Unterschlagung abgegrenzt werden muss, sollten im Sinne der Klausurtaktik auch die Folgen für die weitere Strafbarkeit bedacht werden.

Aufgabe 2

T möchte den O erschießen und legt sich mit seinem Gewehr im Wald auf die Lauer. Als er den völlig ahnungslosen O schließlich erblickt, zielt er und drückt ab. Er verfehlt O jedoch, der unverletzt entkommen kann. Wie hat sich T strafbar gemacht?

Lösung:
T könnte sich wegen versuchten Mordes gemäß §§ 211, 212, 22, 23 Abs. 1 StGB strafbar gemacht haben, indem er auf O geschossen hat.

I. Tatbestand

1. Tatentschluss
T müsste den Tatentschluss zum Mord gefasst haben. Dazu müsste er Vorsatz hinsichtlich aller objektiven Tatbestandsmerkmale und tatbezogenen Mordmerkmale gehabt haben. T wollte O töten, wies also Tötungsvorsatz auf. Er könnte außerdem den Vorsatz für eine heimtückische Tötung gehabt haben. Heimtückisch tötet, wer die Arg- und Wehrlosigkeit des Opfers bewusst zur Tötung ausnutzt. Arglosigkeit liegt vor, wenn das Opfer einen Angriff auf sein Leben oder einen erheblichen Angriff auf seine körperliche Unversehrtheit nicht erwartet. Wehrlosigkeit liegt vor, wenn das Opfer infolge der Arglosigkeit in seiner Abwehrbereitschaft oder Abwehrfähigkeit erheblich eingeschränkt ist. T kannte die Umstände, die dazu führten, dass O keinen Angriff auf sein Leben erwartete. Er wusste auch, dass O infolgedessen keinen Angriff auf sein Leben erwartet hat. T wollte diese Konstellation bewusst zur Tötung des O ausnutzen. Folglich hatte T Vorsatz hinsichtlich einer heimtückischen Tötung. Demnach liegt ein Tatentschluss zum Mord vor.

2. Unmittelbares Ansetzen

T müsste gemäß § 22 StGB unmittelbar zur Tat angesetzt haben. Ein unmittelbares Ansetzen zur Tat setzt voraus, dass der Täter die Schwelle zum »Jetzt-geht's-los« derart überschritten hat, dass sein Handeln nach seiner Vorstellung unmittelbar zur Tatbestandsverwirklichung führen wird. Spätestens durch die Abgabe des Schusses hat T eine Handlung vollzogen, die aus seiner Sicht ohne weitere Zwischenakte den Tod des O herbeiführen sollte. Damit hat T unmittelbar zum Mord angesetzt.

3. Rechtswidrigkeit und Schuld

In Ermangelung von Rechtfertigungs- und Entschuldigungsgründen war die Tat rechtswidrig und schuldhaft.

4. Rücktritt

T ist nicht gemäß § 24 Abs. 1 StGB strafbefreiend vom Mordversuch zurückgetreten.

5. Ergebnis

T hat sich demnach wegen versuchten Mordes strafbar gemacht.

Aufgabe 3

Worin besteht bei § 263 StGB der Unterschied zwischen der Rechtswidrigkeit der beabsichtigten Bereicherung und der Rechtswidrigkeit der Tat?

Lösung:
Die Rechtswidrigkeit der beabsichtigten Bereicherung ist ein objektives Tatbestandsmerkmal, das im subjektiven Tatbestand zu prüfen ist. Es liegt nicht vor, wenn der Täter einen Anspruch auf die erstrebte Bereicherung hat. Dann widerspricht die Tat nicht der materiellen Eigentums- und Vermögensordnung, ist also nicht als Eigentums- bzw. Vermögensdelikt strafwürdig.

Die Rechtswidrigkeit der Tat ist Voraussetzung dafür, dass nach Maßgabe der Rechtsordnung im konkreten Einzelfall Unrecht begangen wurde. Es kann sein, dass die erstrebte Bereicherung rechtswidrig ist, also gegen die materielle Eigentums- und Vermögensordnung verstößt, dass sie aber dennoch aufgrund einer sonstigen Norm der Rechtsordnung als rechtmäßig anzusehen ist und demnach kein Unrecht darstellt.

Aufgabe 4
Worin besteht der wesentliche Unterschied zwischen Bereicherungsabsicht und Zueignungsabsicht?

Lösung:
Bereicherungsabsicht ist der umfassendere Begriff. Jeder Vermögensvorteil kann Gegenstand der Bereicherungsabsicht sein. Zueignungsabsicht ist ein Spezialfall der Bereicherungsabsicht. Denn Gegenstand der Zueignungsabsicht kann nur die Zueignung einer Sache im Sinne von § 90 BGB sein. Wer bspw. einen Taxifahrer mit Gewalt dazu bringt, auf die Geltendmachung des Fahrpreises zu verzichten, kann sich nicht wegen Raubes nach § 249 StGB

strafbar machen, da der Fahrpreisanspruch keine Sache ist. Die Abwehr eines Anspruchs ist aber ein sonstiger Vermögenswert, dessen Erstreben Bereicherungsabsicht begründet. In solchen Fällen kommen daher nur eine räuberische Erpressung nach §§ 253, 255 StGB sowie ein räuberischer Angriff auf Kraftfahrer in Betracht.

Aufgabe 5

O ist Eigentümer eines Buches. Dieses verkauft er dem T, der es sofort bezahlt. Die beiden vereinbaren, dass T das Buch eine Woche später abholen soll. T ist jedoch ungeduldig, bricht bereits einen Tag später bei O ein und entwendet das Buch. Er dachte, es sei ja seins, da er es gekauft und bereits bezahlt habe. Wie hat sich T strafbar gemacht?

Lösung:

Infrage kommt ein Wohnungseinbruchdiebstahl gemäß §§ 242 Abs. 1, 244 Abs. 1 Nr. 3 StGB. Der objektive Tatbestand ist erfüllt. Insbesondere ist das Buch für T fremd, da er es zwar gekauft hat, es ihm jedoch noch nicht übereignet wurde. T könnte aber über das Tatbestandsmerkmal der Fremdheit der weggenommenen Sache irren, sodass der subjektive Tatbestand nach § 16 Abs. 1 StGB nicht erfüllt wäre. Auch wenn man von einem Nicht-Juristen nicht erwarten kann, dass er den Unterschied zwischen Kauf und Übereignung kennt und die Rechtslage daher zivilrechtlich richtig beurteilt, so kann aber doch davon ausgegangen werden, dass er aufgrund einer Parallelwertung in der Laiensphäre wusste, dass ihm das Buch noch nicht gehört. Zwar hat er es gekauft und bezahlt, er hat jedoch ausdrücklich mit O vereinbart, dass er das Buch erst eine Woche später bekommen soll. Er hat daher zumindest billigend in Kauf genommen, gegen eine vertragliche Absprache und damit gegen die materielle Eigentumsordnung zu verstoßen, und handelte folglich vorsätzlich (andere Auffassung gut vertretbar). Auch die objektive Rechtswidrigkeit der beabsichtigten Zueignung ist gegeben. T hat zwar gegen O einen Übereignungsanspruch aus dem Kaufvertrag, dieser wurde jedoch gestundet, ist also im Tatzeitpunkt nicht fällig und damit nicht einredefrei. Da T die Stundungsabrede kannte, liegt auch insoweit kein Tatbestandsirrtum nach § 16 Abs. 1 StGB vor. Der Tatbestand ist daher erfüllt. Infrage kommt allenfalls ein schuldausschließender Verbotsirrtum nach § 17 StGB, der aber zur Straflosigkeit nur im Fall seiner Unvermeidbarkeit führt.

Aufgabe 6

T wird in seinem Garten von der Schlange des O angegriffen. Er bricht eine Latte aus dem Zaun des O und schlägt damit auf die Schlange ein. Wie hat sich T strafbar gemacht?

Lösung:

In Bezug auf die herausgebrochene Zaunlatte kommt eine Strafbarkeit wegen Sachbeschädigung nach § 303 Abs. 1 StGB in Betracht. Die Tat ist aber nach § 904 BGB (Aggressivnotstand) gerechtfertigt. Auch in Bezug auf die Schlange kommt eine Strafbarkeit wegen Sachbeschädigung nach § 303 StGB in Betracht. Insoweit ist die Tat aber gemäß § 228 BGB (Defensivnotstand) gerechtfertigt.

Aufgabe 7

Tätowierer T tätowiert der 16-jährigen O entsprechend ihrem ausdrücklichen Wunsch einen Totenkopf auf das Schulterblatt. O hat dem T eine gefälschte Einverständniserklärung ihrer Eltern vorgelegt. Wie hat sich T strafbar gemacht?

Lösung:

Es kommt eine Körperverletzung gemäß § 223 Abs. 1 StGB infrage.[57] Die Tat ist nicht aufgrund einer rechtfertigenden Einwilligung durch die O gerechtfertigt, denn sie ist aufgrund ihres Alters im Hinblick auf die konkrete Tat noch nicht einwilligungsfähig. Es hätten daher die Eltern der O einwilligen müssen. Dies haben sie jedoch nicht getan. Die Tat ist folglich rechtswidrig. Jedoch liegt ein Erlaubnistatbestandsirrtum vor, denn T nimmt irrig Umstände an (Einwilligung der Eltern), die im Falle ihres wirklichen Gegebenseins die Tat rechtfertigen würden. Nach herrschender Meinung entfällt daher die Vorsatzschuld und T könnte nur bei Vermeidbarkeit des Irrtums wegen fahrlässiger Körperverletzung gemäß § 229 StGB bestraft werden. Ob der Irrtum vermeidbar war, hängt von den Umständen des Einzelfalls, insbesondere wohl auch von der Qualität der gefälschten Einwilligungserklärung ab.

---

57 Auch § 224 Abs. 1 Nr. 2 und § 226 Abs. 1 Nr. 3 StGB sollten in einer Klausur zumindest kurz angesprochen werden.

9. KAPITEL: ÖFFENTLICHES RECHT

9.1 Fehler im Öffentlichen Recht

Fehler Nr. 1*

(Verwaltungsrecht)

»Der Verwaltungsrechtsweg müsste nach § 40 VwGO eröffnet sein. Dafür dürfte es zunächst aber keine auf- oder abdrängenden Sonderzuweisungen geben.«

Hier wird die Struktur der Prüfung der Eröffnung des Verwaltungsrechtswegs verkannt. Zunächst muss geprüft werden, ob eine aufdrängende Sonderzuweisung vorliegt. Eine aufdrängende Sonderzuweisung ist eine gesetzliche Regelung, die spezialgesetzlich die Eröffnung des Verwaltungsrechtswegs anordnet. Ein wichtiges Beispiel hierfür ist § 54 Abs. 1 BeamtStG. Nach dieser Vorschrift ist der Verwaltungsrechtsweg in beamtenrechtlichen Streitigkeiten auch dann eröffnet, wenn die Voraussetzungen des § 40 VwGO nicht erfüllt sind. In derartigen Fällen darf daher die Lex generalis des § 40 VwGO nicht geprüft werden. Erst wenn feststeht, dass keine aufdrängende Sonderzuweisung gegeben ist, darf § 40 VwGO geprüft werden. Wenn nach dieser Vorschrift der Verwaltungsrechtsweg eröffnet ist, muss noch geprüft werden, ob eine abdrängende Sonderzuweisung einschlägig ist. Eine abdrängende Sonderzuweisung ist eine gesetzliche Regelung, die vorschreibt, dass der Verwaltungsrechtsweg nicht eröffnet ist, obwohl die Voraussetzungen des § 40 VwGO erfüllt sind (Bsp.: § 23 EGGVG). Es darf daher keinesfalls vor Prüfung des § 40 VwGO über eine abdrängende Sonderzuweisung gesprochen werden. Denn eine »Abdrängung« vom Verwaltungsrechtsweg ist nur denkbar, wenn dessen Eröffnung überhaupt gegeben ist.

Fehler Nr. 2*

(Verwaltungsrecht)

»Fraglich ist, welche Klageart statthaft ist. Maßgeblich ist das klägerische Begehren gemäß § 88 VwGO.«

Ein Maximum an sprachlicher Präzision spricht für die Qualität einer Klausur. Der Satzbau des zweiten Satzes entstellt hier den Sinn. In § 88 VwGO ist geregelt, dass das Gericht das Begehren des Klägers durch Auslegung zu bestimmen und das so bestimmte Begehren zu beachten hat. Aus § 88 VwGO ergibt sich daher, dass das klägerische Begehren für die statthafte Klageart maßgeblich ist. In § 88 VwGO jedoch nicht geregelt ist das klägerische Begehren als solches. Syntaktisch korrekt lautet der zweite Satz daher: »Maßgeblich ist gemäß § 88 VwGO das klägerische Begehren.«

Fehler Nr. 3**

(Verwaltungsrecht)

»Die Gemeinde hat die Erteilung der Baugenehmigung durch Bescheid vom ... abgelehnt. Die Ablehnung hat Regelungscharakter und stellt deshalb einen Verwaltungsakt dar. Daher ist

statthafte Klageart die Anfechtungsklage nach § 42 Abs. 1 Alt. 1 VwGO.«

Richtig ist, dass die Ablehnung eines Verwaltungsakts wegen ihrer Regelungswirkung einen Verwaltungsakt im Sinne von § 35 VwVfG[58] darstellt. Für eine Anfechtungsklage fehlt dem Kläger aber das Rechtsschutzbedürfnis. Die Kassation der Ablehnung nützt ihm im Anfechtungsprozess nichts, denn sein Begehren ist auf den Erhalt der Baugenehmigung gerichtet. Diese erhält er durch die Beseitigung ihrer Ablehnung aber nicht. Die Beseitigung des »Nein« bedeutet noch kein »Ja«. Der Kläger müsste nach dem Anfechtungsprozess daher noch eine Verpflichtungsklage auf Erteilung der Baugenehmigung erheben. Um einen solchen Doppelprozess um ein und dieselbe Angelegenheit zu vermeiden, kann der Kläger mit der Verpflichtungsklage die Erteilung der Baugenehmigung verfolgen. Im Erfolgsfall wird der Ablehnungsbescheid vom Gericht mitaufgehoben. Dass dieses Ergebnis richtig ist, zeigt sich auch dadurch, dass es keinen Unterschied machen kann, ob die Behörde die Baugenehmigung abgelehnt oder überhaupt keine Entscheidung getroffen hat. Würde sie überhaupt keine Entscheidung treffen, würde niemand auf die Idee kommen, eine Anfechtungsklage zu erheben. Ob die Behörde die Baugenehmigung durch Verwaltungsakt ablehnt oder faktisch durch Untätigkeit, kann sich nicht grundlegend auf die statthafte Klageart auswirken, weil de facto dasselbe Ergebnis –

58 Zur Vereinfachung wurde im Folgenden stets das VwVfG des Bundes angewendet. In der Klausur sind die jeweiligen Landes-VwVfG anzuwenden, vgl. Übungsteil.

keine Baugenehmigung – gegeben ist. Statthafte Klageart im Falle der förmlichen Ablehnung eines begehrten Verwaltungsakts ist daher grundsätzlich immer die Verpflichtungsklage.

Fehler Nr. 4**

(Verwaltungsrecht)

»Fraglich ist, welche Klageart statthaft ist. Maßgeblich dafür ist, ob es sich bei dem Bescheid vom ... um einen Verwaltungsakt handelt.«

Diese Frage ist zu verneinen. Ein Bescheid ist kein Verwaltungsakt. Ein Bescheid ist die äußere Form, in der ein Verwaltungsakt ergehen kann (»Bescheidform«). Ein Bescheid stellt daher selbst keinen Verwaltungsakt dar, er enthält aber (mindestens) einen. Hier handelt es sich nicht nur um eine Frage der sprachlichen Präzision.

Die Unterscheidung zwischen Bescheid und Verwaltungsakt kann für den Inhalt der Klausur entscheidend sein. Wenn der Kläger einen Bescheid aufgehoben haben will, kann es sein, dass dieser lediglich einen belastenden Verwaltungsakt mit der Anfechtungsklage angreifen muss. Diese ist dann die statthafte Klageart und die Unterscheidung zwischen Bescheid und Verwaltungsakt wirkt sich nicht aus.

Wenn der Bescheid aber mehrere Verwaltungsakte enthält, muss der Kläger mindestens zwei Anfechtungsklagen erheben. Diese sind dann vom Klausurbearbeiter getrennt zu prüfen. Wer beide Klagen zusammen prüft, macht meist grobe Fehler im Aufbau und differenziert bei der Rechtmäßigkeitsprüfung nicht ausreichend zwischen den Verwaltungsakten und ihrem jeweiligen Regelungsgehalt.

Noch schwieriger sind Fälle, in denen der Bescheid die Ablehnung eines begehrten Verwaltungsakts und zusätzlich einen anderen belastenden Verwaltungsakt enthält. Dann müssen eine Verpflichtungsklage auf Erteilung des begehrten Verwaltungsakts und zusätzlich eine Anfechtungsklage gegen den anderen Verwaltungsakt erhoben werden. Wer den Bescheid in einer derartigen Konstellation als einheitlichen Klagegegenstand sieht und nur eine Klage prüft, ruiniert sich definitiv seine ganze Klausur.

Auch problematisch sind Fälle, in denen der Bescheid einen belastenden Verwaltungsakt und eine darauf bezogene Sofortvollzugsanordnung im Sinne von § 80 Abs. 2 S. 1 Nr. 4 VwGO enthält. Der Verwaltungsakt ist unproblematisch mit der Anfechtungsklage anzugreifen. Hinsichtlich der Sofortvollzugsanordnung ist umstritten, ob es sich um einen Verwaltungsakt handelt oder nicht. Die herrschende Meinung geht davon aus, dass es sich nicht um einen eigenständigen Verwaltungsakt handelt. Demnach wäre insoweit keine Anfechtungsklage statthaft. In Wahrheit ist gar keine Klageart der VwGO statthaft. Wenn sich aus dem Sachverhalt ergibt, dass der Betroffene sich auch gegen die Sofortvollzugsanordnung wehren will, muss insoweit ein Antrag auf Wiederherstellung der aufschiebenden Wirkung gemäß § 80 Abs. 5 S. 1 Alt. 2 VwGO geprüft werden. Wenn die aufschiebende Wirkung der Anfechtungsklage bereits nach § 80 Abs. 2 S. 1 Nr. 1-3 VwGO entfällt und die Behörde dies nicht erkannt hat, die Sofortvollzugsanordnung also überflüssig ist, ist ein Antrag auf Anordnung der aufschiebenden Wirkung nach § 80 Abs. 5 S. 1 Alt. 1 VwGO statthaft. Die Prüfung eines Antrags nach § 80 Abs. 5 VwGO darf im Aufbau keinesfalls mit der Prüfung einer Anfechtungsklage vermischt werden. Eine solche Klausur wäre kaum auf ein brauchbares Niveau zu bringen.

Fehler Nr. 5**

(Verwaltungsrecht)

»Fraglich ist, welche Klageart gegen die Rücknahme der dem Kläger zuvor erteilten Baugenehmigung statthaft ist. Ziel des Klägers ist die Erlangung der beantragten Baugenehmigung. Diese stellt einen Verwaltungsakt nach § 35 VwVfG dar. Der Kläger begehrt deren Neuerteilung. Statthafte Klageart ist daher die Verpflichtungsklage nach § 42 Abs. 1 Alt. 2 VwGO.«

Das ist so nicht völlig unvertretbar. Problematisch ist aber, dass es für den Kläger einen viel einfacheren Weg gibt, sein Ziel zu erreichen. Er hatte ja schon mal die begehrte Baugenehmigung. Diese wurde ihm zwar durch Rücknahme gemäß § 48 Abs. 1 VwVfG entzogen. Wenn er aber die Rücknahme beseitigt, lebt die erteilte Baugenehmigung wieder auf. Die Rücknahme eines Verwaltungsakts stellt ihrerseits einen Verwaltungsakt dar. Die Rücknahme kann daher mit der Anfechtungsklage angegriffen und damit beseitigt werden. Würde der Kläger Verpflichtungsklage auf Neuerteilung der zurückgenommenen Baugenehmigung erheben, würde es am Rechtsschutzbedürfnis fehlen. Denn die Neuerteilung der Baugenehmigung ist wegen des erneut durchzuführenden Genehmigungsverfahrens aufwendiger, sodass ein einfacherer und schnellerer Weg existiert, das Klageziel zu erreichen. Außerdem steht unter Umständen die Bestandskraft der Rücknahme der Baugenehmigung der Erteilung einer identischen Baugenehmigung entgegen.

Fehler Nr. 6**

(Verwaltungsrecht)

»Statthaft ist die Anfechtungsklage nach § 42 Abs. 1 Alt. 1 VwGO, wenn es sich bei dem Bescheid vom ... um einen Verwaltungsakt handelt. Problematisch ist, ob dieser Bescheid wirksam bekannt gegeben wurde. Ein Verwaltungsakt ist erst dann wirksam und damit existent, wenn er bekannt gegeben wurde (§ 43 Abs. 1 VwVfG). Zwar hat A den Bescheid am ... erhalten. Fraglich ist aber, wann der Bescheid hier bekannt gegeben und damit wirksam wurde.«

Richtig ist, dass ohne Bekanntgabe kein Verwaltungsakt existiert. Ob sich die fehlende Bekanntgabe überhaupt auf die Frage der Statthaftigkeit der Anfechtungsklage auswirkt, ist zweifelhaft. Denn schon aufgrund des verfassungsrechtlichen Gebots effektiven Rechtsschutzes (Art. 19 Abs. 4 GG) muss auch gegen Schein-Verwaltungsakte dieselbe Klagemöglichkeit bestehen wie gegen rechtlich wirksame Verwaltungsakte. Jedenfalls spielt der Zeitpunkt der Bekanntgabe keine Rolle für die Statthaftigkeit der Klageart. Wenn nach dem Sachverhalt der Zustellungs- bzw. Bekanntgabezeitpunkt aufgrund diverser Probleme zweifelhaft ist, darf diese Problematik nicht bei der Statthaftigkeit der Klageart geprüft werden, wenn jedenfalls zu irgendeinem Zeitpunkt eine Bekanntgabe erfolgt ist, denn dann liegt ja (vorbehaltlich § 44 VwVfG) definitiv ein wirksamer Verwaltungsakt vor. Wann dieser Verwaltungsakt wirksam geworden ist, spielt nur für die Klagefrist eine Rolle, da diese nach § 74 Abs. 1 VwGO mit Bekanntgabe zu laufen beginnt.

Fehler Nr. 7**

(Verwaltungsrecht)

»Statthafte Klageart könnte die Untätigkeitsklage nach § 75 VwGO sein.«

Nein, die Untätigkeitsklage ist keine eigene Klageart. Die Untätigkeitsklage ist eine Anfechtungs- oder Verpflichtungsklage, die auch ohne Durchführung des Vorverfahrens nach § 68 VwGO zulässig ist.

Fehler Nr. 8*

(Verwaltungsrecht)

»Fraglich ist die statthafte Klageart. Statthaft könnte hier die Fortsetzungsfeststellungsklage analog § 113 Abs. 1 S. 4 VwGO sein.«

Das ist ein ungeschicktes Vorgehen, das die gesetzliche Systematik der Klagearten ignoriert. Bevor mit der Fortsetzungsfeststellungsklage »aus dem Hut gezaubert« wird, sollte zunächst feststehen, dass keine Anfechtungs- oder Verpflichtungsklage nach § 42 Abs. 1 VwGO einschlägig ist. Zunächst muss also geprüft werden, ob ein Verwaltungsakt vorliegt bzw. begehrt wird. Wenn dies nicht der Fall ist, ist die Prüfung der Fortsetzungsfeststellungsklage von vornherein völlig abwegig. Wenn ein Verwaltungsakt aufgehoben bzw. erteilt werden soll, ist die Anfechtungs- bzw. Verpflichtungsklage nur dann nicht statthaft, wenn der im Raum stehende Verwaltungsakt bereits erledigt ist. Die Statthaftigkeit der Fortsetzungsfeststellungsklage setzt also voraus, dass eine Anfechtungs- bzw. Verpflichtungsklage wegen Erledigung des aufzuhebenden bzw. begehrten Verwaltungsakts nicht mehr in Betracht kommt.

Fehler Nr. 9*

(Verwaltungsrecht)

»Der Zahlungsbescheid ist bereits erledigt, weil er vollstreckt wurde.«

In Klausuren wird Erledigung oft voreilig bejaht. Die Vollstreckung führt dann nicht zur Erledigung eines Verwaltungsakts, d. h. zum Wegfall seiner Beschwer, wenn ihre Rückgängigmachung möglich und sinnvoll ist. Gleiches gilt auch für die freiwillige Befolgung des im Verwaltungsakt aufgestellten Ge- oder Verbots. Eine Erledigung liegt auch dann nicht vor, wenn der Verwaltungsakt eine sonstige unmittelbare Grundlage für rechtliche Wirkungen darstellt.

Fehler Nr. 10**

(Verwaltungsrecht)

»Der Kläger K ist klagebefugt nach § 42 Abs. 2 VwGO, wenn er geltend macht, durch den Verwaltungsakt in seinen Rechten verletzt zu sein. Die Abrissverfügung verletzt den K zumindest in seinem Eigentumsgrundrecht aus Art. 14 GG und in seiner allgemeinen Handlungsfreiheit aus Art. 2 Abs. 1 GG.«

Dieser Fehler ist selbst unter Kandidaten für das zweite Staatsexamen noch verbreitet. Er wiegt sehr schwer und ist äußerst leicht vermeidbar. Im Rahmen der Klagebefugnis kommt es niemals auf eine tatsächliche Rechtsverletzung an. Eine solche wird ausschließlich in der Begründetheit geprüft. Erforderlich, aber auch ausreichend für die Klagebefugnis, ist die bloße Möglichkeit einer Rechtsverletzung (sogenannte »Möglichkeitstheorie«). Möglich ist eine Rechtsverletzung dann, wenn ihr Vorliegen nach dem klägerischen Sachvortrag nicht von vornherein unter jedem denkbaren rechtlichen Gesichtspunkt ausgeschlossen ist. In der Klausur wird die Bezeichnung als Möglichkeitstheorie nicht erwartet. In Klausuren für das zweite Staatsexamen ist sie sogar schädlich, da es sich um Praxisklausuren handelt und Theorien in der Praxis nur angewendet, nicht aber auch zitiert werden sollen.

Im Übrigen ist die kumulative Nennung aller als verletzt in Betracht kommenden Rechte bei der Klagebefugnis nicht erforderlich. Es genügt, dass jedenfalls eine Verletzung der allgemeinen Handlungsfreiheit nach Art. 2 Abs. 1 GG möglich ist.

Fehler Nr. 11**

(Verwaltungsrecht)

»Der Kläger ist nach der Adressatentheorie klagebefugt gemäß § 42 Abs. 1, Abs. 2 VwGO, denn die Baugenehmigung wurde nicht nur an seinen Nachbarn, sondern auch an ihn geschickt.«

Bei der Anwendung der Adressatentheorie kommt es nicht auf die postalische Adressatenstellung an. Es ist nicht relevant, an wen der Verwaltungsakt geschickt wird. Es geht darum, wer nach dem Inhalt des Verwaltungsakts von dessen Regelungswirkung unmittelbar betroffen ist (sogenannter »Inhaltsadressat«). Bei der Baugenehmigung ist dies allein der Grundstückseigentümer desjenigen Grundstücks, auf dem das genehmigte Vorhaben ausgeführt werden soll. Denn die Regelungswirkung der Baugenehmigung besteht darin, das präventive Bauverbot mit Erlaubnisvorbehalt aufzuheben. Dass der Nachbar durch das Vorhaben faktische Beeinträchtigungen dulden muss, ist nicht Teil der Regelungswirkung der Baugenehmigung, sondern nur deren tatsächliche Folge. Adressat der Baugenehmigung ist daher allein der Grundstückseigentümer bzw. der Bauherr. Unerheblich ist, dass nach den Bauordnungsvorschriften der einzelnen Bundesländer der Nachbar eine Ausfertigung der Baugenehmigung erhalten soll. Dies macht ihn nicht zum Adressaten. Erstens erhält er nicht die Baugenehmigung, sondern nur eine Ausfertigung derselben. Zweitens erhält er die Ausfertigung nur, weil ihm nur die Kenntnis des Inhalts der Baugenehmigung die Möglichkeit eröffnet, im Falle einer möglichen Verletzung nachbarschützender Vorschriften effektiven gerichtlichen Rechtsschutz in Anspruch zu nehmen.

Fehler Nr. 12**

(Verwaltungsrecht)

»Die Gemeinde G ist als Adressatin der Aufsichtsmaßnahme der Regierung nach § 42 Abs. 2 VwGO klagebefugt.«

Auch dieser Fehler unterläuft noch Kandidaten des zweiten Staatsexamens. Die Adressatentheorie bzw. der Adressatengedanke ist auf Gemeinden und andere juristische Personen des öffentlichen Rechts nicht anwendbar. Warum dies so ist, wird ersichtlich, wenn man betrachtet, was die Adressatentheorie besagt. Sie geht nämlich davon aus, dass ein belastender Verwaltungsakt seinen Adressaten immer in dessen durch Art. 2 Abs. 1 GG gewährleisteter allgemeiner Handlungsfreiheit verletzt, wenn der Verwaltungsakt formell oder materiell rechtswidrig ist. Die allgemeine Handlungsfreiheit kann verfassungsrechtlich zulässig nämlich nur durch eine rechtmäßige staatliche Maßnahme eingeschränkt werden. Ein – und sei es auch nur formell – rechtswidriger Verwaltungsakt kann die allgemeine Handlungsfreiheit nicht verfassungsrechtlich gerechtfertigt einschränken. Er verletzt die allgemeine Handlungsfreiheit in jedem Fall. Daher besteht bei einem belastenden Verwaltungsakt immer die Möglichkeit, dass er seinen Adressaten in dessen allgemeiner Handlungsfreiheit verletzt. Ist aber eine Gemeinde oder eine andere juristische Person des öffentlichen Rechts Adressat, so funktioniert der Adressatengedanke nicht, denn eine Gemeinde bzw. andere juristische

Person des öffentlichen Rechts ist als Hoheitsträger selbst grundrechtsverpflichtet (Art. 1 Abs. 3 GG). Ein grundrechtsverpflichtetes Rechtssubjekt ist aber nicht zugleich grundrechtsberechtigt. Deshalb kann sich eine Gemeinde oder andere juristische Person des öffentlichen Rechts nicht auf die allgemeine Handlungsfreiheit nach Art. 2 Abs. 1 GG berufen. Wenn sie dies aber nicht kann, ist der Adressatengedanke auf sie nicht anwendbar, weil dieser eben gerade auf einer möglichen Verletzung der allgemeinen Handlungsfreiheit beruht. Eine auf Art 28 Abs. 1 GG beruhende Adressatentheorie gibt es nach herrschender Meinung nicht.

Fehler Nr. 13**

(Verwaltungsrecht)

»Der Kläger K ist klagebefugt gemäß § 42 Abs. 2 VwGO, wenn die Ablehnung der Baugenehmigung durch Bescheid vom ... ihn in seinen Rechten verletzen könnte. Dies ist der Fall, da er Adressat des Ablehnungsbescheids ist.«

Auch bei der Versagungsgegenklage nach § 42 Abs. 2 Alt. 2 VwGO ist die Adressatentheorie nicht anwendbar. Bei der Verpflichtungsklage ist die Klagebefugnis gegeben, wenn die Ablehnung oder Unterlassung des begehrten Verwaltungsakts den Kläger in seinen Rechten verletzt. Dies ist nicht dann der Fall, wenn die Ablehnung nicht formell und materiell rechtmäßig ist, sondern nur dann, wenn der Kläger einen Anspruch auf den begehrten Verwaltungsakt hat. Die Adressatentheorie ist aber nicht auf Anspruchsgrundlagen gepolt, sondern einzig und allein auf eine Verletzung der allgemeinen Handlungsfreiheit nach Art. 2 Abs. 1 GG.

Fehler Nr. 14**

(Verwaltungsrecht)

»Der Kläger ist klagebefugt nach § 42 Abs. 2 VwGO, wenn er einen Anspruch auf Erteilung der abgelehnten Baugenehmigung hat. Ein solcher Anspruch könnte sich aus der Eigentumsfreiheit des Art. 14 GG ergeben.«

Hier wird das Verhältnis zwischen Grundgesetz und einfachem Recht missachtet. Zwar muss im Rahmen der Prüfung der Klagebefugnis noch nicht die »richtige« Anspruchsgrundlage gefunden werden, für die Bejahung der Klagebefugnis genügt die Feststellung, dass sich aus einer bestimmten Vorschrift möglicherweise ein Anspruch des Klägers auf den begehrten Verwaltungsakt ergibt. Dennoch darf auch an dieser Stelle nicht der Aufbau der Rechtsordnung missachtet werden. Das einfache Recht konkretisiert die Grundrechte des Grundgesetzes. Erst wenn sich aus den speziellen Vorschriften des einfachen Rechts keine Anspruchsgrundlage ergibt, darf auf die Grundrechte als mögliche Anspruchsgrundlagen zurückgegriffen werden. Die Landesbauordnungen sehen ausdrückliche Anspruchsgrundlagen für die Erteilung einer Baugenehmigung vor (in Bayern etwa Art. 68 Abs. 1 BayBO). Eines Rückgriffs auf Verfassungsrecht bedarf es demnach nicht. Aufgrund der Sperrung des Art. 14 GG durch die bauordnungsrechtlichen Regelungen ist die Aussage, dass sich aus Art. 14 GG möglicherweise ein Anspruch auf Erteilung der Baugenehmigung ergibt, auch sachlich falsch. Art. 14 GG ist in diesem Zusammenhang nicht anwendbar, sodass sich der besagte Anspruch auch nicht aus dieser Vorschrift ergeben kann.

Fehler Nr. 15**

(Verwaltungsrecht)

»Der Nachbar N ist klagebefugt, nach § 42 Abs. 2 VwGO, wenn die Baugenehmigung ihn möglicherweise in seinen Rechten verletzt. Hier kommt eine Verletzung des N in seiner Eigentumsfreiheit nach Art. 14 GG in Betracht. N ist somit klagebefugt.«

Auch hier wird das Verhältnis von einfachem Recht zu Verfassungsrecht verkannt. Aufgrund der Konkretisierung der Grundrechte durch einfaches Gesetzesrecht muss zunächst geprüft werden, ob sich eine Rechtsverletzung aus Letzterem ergeben kann. Erst wenn feststeht, dass dies nicht der Fall ist, darf auf Grundrechte rekurriert werden.

Außerdem hat die mittelbare Drittwirkung der Grundrechte zur Folge, dass die Ausführung des Bauvorhabens durch den Bauherrn dessen Nachbarn nicht in seinen Grundrechten betreffen kann. Denn der Bauherr ist nicht grundrechtsverpflichtet. Allenfalls die dem Bauherrn erteilte Baugenehmigung kann Grundrechte des Nachbarn des Bauherrn verletzen. Dazu müsste die Baugenehmigung aber solche Rechtsvorschriften verletzen, die den Nachbarn vor unzulässigen Bauvorhaben des jeweils anderen schützen. Dies sind aber wegen der lediglich mittelbaren Drittwirkung eben nicht die Grundrechte, sondern nur solche Vorschriften, die nicht lediglich im Allgemeininteresse bestehen, sondern spezifisch dem Schutz der Menschen untereinander vor bestimmten Verhaltensweisen (z. B. Bauen ohne ausreichende Abstandsflächen) dienen (sogenannte »drittschützende Normen«).

Fehler Nr. 16**

(Verwaltungsrecht)

»Der Nachbar N ist klagebefugt nach § 42 Abs. 2 VwGO, wenn die Baugenehmigung ihn in seinen Rechten möglicherweise verletzt. Ihm wurden die Bauzeichnungen nicht nach Art 66 Abs. 1 S. 1 BayBO zur Unterschrift vorgelegt. Daher kommt eine Verletzung seiner Nachbarbeteiligungsrechte infrage. Er ist somit klagebefugt.«

Bei den in den Landesbauordnungen vorgesehenen Nachbarbeteiligungsrechten handelt es sich nicht um nachbarschützende Vorschriften, auf deren mögliche Verletzung sich die Klagebefugnis gründen ließe. Sie dienen nur dem rechtlichen Gehör und der Ermöglichung effektiven Rechtsschutzes zugunsten des Nachbarn. Es handelt sich um reines Verfahrensrecht, nicht aber um materielle Rechtspositionen. Dies zeigt sich auch an der Folge der Nachbarunterschrift nach Art. 66 Abs. 1 S. 2 BayBO bzw. der entsprechenden Vorschrift der jeweiligen Landesbauordnung. Sie führt zum Verlust der Klagebefugnis des Nachbarn, weil er aufgrund seines Einverständnisses mit dem Bauvorhaben nicht mehr in seinen Rechten verletzt sein kann. Es handelt sich um einen Fall des Rechtsverzichts. Unterschreibt er nicht und verweigert damit seine Zustimmung zum Bauvorhaben, bleibt seine Klagebefugnis erhalten, sofern er sich auf die mögliche Verletzung nachbarschützender Vorschriften berufen kann. Wird er hingegen gar nicht gefragt, kann dies keine weiterreichenden Folgen – nämlich die Bejahung der Klagebefugnis – haben als eine Verweigerung der Zustimmung auf Nachfrage.

Fehler Nr. 17**

(Verwaltungsrecht)

»Nach § 68 Abs. 1 S. 1 VwGO bedarf es zunächst der erfolglosen Durchführung eines Vorverfahrens. K hat vor Klageerhebung bei der Gemeinde Widerspruch eingelegt. Fraglich ist, ob dieser zulässig und begründet war.«

Soweit ein Widerspruchsverfahren überhaupt noch erforderlich bzw. statthaft ist, genügt es für die Anforderung des § 68 Abs. 1 S. 1 VwGO, wenn form- und fristgerecht Widerspruch eingelegt wurde. Ob die sonstigen Sachentscheidungsvoraussetzungen erfüllt waren und gar, ob der Widerspruch begründet war, ist im Rahmen der Prüfung der Anfechtungs- oder Verpflichtungsklage völlig irrelevant. Es stellt daher einen groben Aufbau- und Verständnisfehler dar, im Rahmen der Zulässigkeit der Anfechtungs- bzw. Verpflichtungsklage inzident eine komplette Prüfung des Erfolgs des Widerspruchs zu prüfen.

Fehler Nr. 18*

(Verwaltungsrecht)

»Die Klage wurde nicht nach § 80 Abs. 1 S. 1 VwGO ordnungsgemäß erhoben, da der Kläger lediglich ein Fax an das Gericht geschickt hat. Ein Fax erfüllt aber nicht die Schriftform des § 126 BGB.«

Ein Fax erfüllt in der Tat nicht die Schriftform nach § 126 BGB. Diese Anforderung stellt § 74 Abs. 1 S. 1 VwGO aber auch nicht. Diese Vorschrift verlangt Schriftlichkeit, nicht Schriftförmlichkeit.

Während die Schriftförmlichkeit eine Originalunterschrift voraussetzt, genügt es für die Schriftlichkeit, wenn eine Kopie oder ein Fax vorliegt und auf diesem ersichtlich ist, dass die Originalurkunde unterschrieben wurde. Dieser Grundsatz gilt im Prozessrecht generell, während im materiellen Recht das strengere Schriftformgebot des § 126 BGB zu beachten ist. Nicht ausreichend für eine ordnungsgemäße Klageerhebung nach § 80 Abs. 1 S. 1 VwGO ist im Übrigen eine E-Mail oder sonstige elektronische Erklärung in unkörperlicher Form ohne Unterschrift. Anders ist dies, wenn eine eingescannte Unterschrift vorliegt.

Fehler Nr. 19**

(Verwaltungsrecht)

»Die Klagefrist beträgt nach § 74 Abs. 1 VwGO vier Wochen.«

Das steht nicht im Gesetz und ist deshalb ein grober Fehler. Nach § 74 Abs. 1 VwGO beträgt die Klagefrist einen Monat. Ein Monat und vier Wochen mögen für den Laien dasselbe sein. Für die Rechtsanwendung macht es jedoch einen erheblichen Unterschied. Vier Wochen sind 28 Tage. Würde die Klagefrist bspw. am 01.07.2015 beginnen, so würde sie bei einer Vier-Wochen-Frist mit Ablauf des 28.07.2015 enden. Bei Zugrundelegung einer Monatsfrist endet die am 01.07.2015 beginnende Klagefrist aber erst mit Ablauf des 03.08.2015, da der 01.08.2015 ein Samstag ist. Das sind sechs Tage Unterschied!

Fehler Nr. 20**

(Verwaltungsrecht)

»Die Klagefrist beginnt nach § 74 Abs. 1 S. 1 VwGO mit Zugang des Verwaltungsakts.«

Die Regelung des § 74 Abs. 1 VwGO spricht in Satz 1 ausdrücklich von der Zustellung des Verwaltungsakts, in ihrem Satz 2 von der Bekanntgabe.

Die Begriffe »Bekanntgabe«, »Zustellung« und »Zugang« werden in Klausuren sehr häufig undifferenziert wie Synonyme behandelt. Dies stellt einen gravierenden Mangel dar.

Ausgangspunkt ist der Begriff der »Bekanntgabe« (nicht »Bekanntmachung«!). Die Bekanntgabe ist Voraussetzung für die Wirksamkeit des Verwaltungsakts, vgl. § 43 Abs. 1 S. 1 VwVfG. Sie kann mündlich oder schriftlich (in Bescheidform) erfolgen.

Erfolgt die Bekanntgabe in Bescheidform, so kann eine Zustellung erfolgen. Deren Ausführung (das »Wie«) richtet sich dann nach den Vorschriften des VwZG (Bundesrecht), des BayVwZVG (bayerisches Landesrecht) oder den entsprechenden Vorschriften der anderen Bundesländer. Die Zustellung ist die Bekanntgabe unter strenger Beachtung bestimmter Formvorschriften. Wurden diese im Einzelfall nicht beachtet, liegt keine Zustellung vor, es sei denn, es ist eine Heilung der Zustellungsmängel (etwa nach § 8 VwZG) durch tatsächlichen Zugang erfolgt. Zugang ist im bürgerlich-rechtlichen Sinne zu verstehen. Im Heilungsfall führt der Zugang zur Zustellung. Dass beide Begriffe nicht synonym sein können, ist evident. In diesem Zusammenhang in Klausuren äußerst relevant ist, dass dem Zugang im Rahmen der Heilung keine Rückwirkung zukommt. Wenn also bspw. am 01.07.2015 eine fehlerhafte Zustellung erfolgt und der tatsächliche Zugang am 10.07.2015 die fehlerhafte Zustellung heilt, wurde der Verwaltungsakt erst am 10.07.2015 bekannt gegeben.

Ein Bescheid kann aber auch durch einfachen Brief nach § 41 Abs. 2 S. 1 VwVfG bekannt gegeben werden. Dann gilt die Bekanntgabefiktion dieser Vorschrift. Nach § 41 Abs. 2 S. 3 VwVfG liegt jedoch - entgegen der Bekanntgabefiktion - keine Bekanntgabe vor, wenn der Bescheid nicht zugegangen ist. Auch hier hat der Begriff der »Bekanntgabe« einen völlig anderen Gehalt als der des »Zugangs«.

Fehler Nr. 21*

(Verwaltungsrecht)

»Die Gemeinde könnte die Abrissverfügung an den Rechtsanwalt des K gemäß Art. 8 Abs. 1 BayVwZVG bekannt gegeben haben.«

Bereits aus der amtlichen Gesetzesüberschrift ergibt sich, dass an den Bevollmächtigten des Inhaltsadressaten der Verwaltungsakt nicht bekannt gegeben, sondern lediglich zugestellt wird. Die Bekanntgabe erfolgt nach § 41 Abs. 1 S. 1 VwVfG immer gegenüber dem Inhaltsadressaten. Die Zustellung an den Bevollmächtigten gemäß Art. 8 Abs. 1 BayVwZVG bzw. der entsprechenden Zustellungsvorschrift des jeweiligen Bundeslandes bewirkt solch eine Bekanntgabe an den Inhaltsadressaten. Dies gilt völlig unabhängig davon, ob und wann dieser Kenntnis von dem Verwaltungsakt erlangt.

Fehler Nr. 22*

(Verwaltungsrecht)

»Die Abrissverfügung wurde mittels Einwurfeinschreibens gemäß Art. 4 Abs. 1 BayVwZVG zugestellt.«

Das sogenannte »Einwurfeinschreiben« ist kein Einschreiben im Sinne von Art. 4 Abs. 1 BayVwZVG bzw. der entsprechenden Landesvorschriften, denn ein Einschreiben in diesem Sinne erfordert immer die Übergabe. Der bloße Einwurf in den Briefkasten des Adressaten genügt dafür gerade nicht. Wird in der Klausur also durch Einwurfeinschreiben »zugestellt«, liegt in Wahrheit keine Zustellung vor, sondern eine Bekanntgabe durch bloße Übermittlung mit der Post gemäß § 41 Abs. 2 VwVfG.

Fehler Nr. 23***

(Verwaltungsrecht)

»K hat die Klagefrist § 74 Abs. 1 VwGO versäumt, da er nicht innerhalb eines Monats Klage erhoben hat. Fraglich ist, ob ihm Wiedereinsetzung nach § 32 VwVfG gewährt werden kann.«

Hier finden sich zwei gravierende Fehler. Zunächst ist im Rahmen eines Verwaltungsprozesses keine Verfahrensregel aus dem VwVfG anwendbar. Das verwaltungsgerichtliche Verfahren wird ausschließlich durch die VwGO geregelt. Das VwVfG bzw. die entsprechenden Landes-VwVfG regeln ausschließlich das außergerichtliche Verwaltungsverfahren. Wenn es um die Versäumung der verwaltungsprozessualen Klagefrist des § 74 VwGO geht, kann Wiedereinsetzung in den vorigen Stand daher unmöglich gemäß § 32 VwVfG gewährt werden. Einschlägig ist nur die verwaltungsprozessuale Regel des § 60 VwGO.

Außerdem ist in Klausuren äußerst selten ein Wiedereinsetzungsantrag zu prüfen. Wenn der Klausurbearbeiter zu dem Ergebnis kommt, dass die Klagefrist des § 74 VwGO versäumt wurde, liegt zunächst ein Fristberechnungsfehler nahe. Zunächst könnte ein Zustellungsfehler einen späteren Klagefristbeginn bewirken. Ansonsten könnte das ermittelte Fristende auf einen Samstag, Sonntag oder gesetzlich anerkannten Feiertag fallen und sich so nach § 57 Abs. 2 VwGO in Verbindung mit § 222 Abs. 2 ZPO auf den nächsten Werktag verschieben. Wenn dies nicht der Fall ist und die Monatsfrist daher tatsächlich versäumt wurde, muss zunächst geprüft werden, ob dem Adressaten durch die Behörde eine Rechtsbehelfsbelehrung erteilt wurde und ob diese korrekt und vollständig ist. Ist dies nicht der Fall, so gilt nicht die Monatsfrist des § 74 Abs. 1 VwGO, sondern nach § 58 Abs. 2 VwGO eine Jahresfrist.

Fehler Nr. 24**

(Verwaltungsrecht)

»Die Zulässigkeit der Klage setzt ferner die Passivlegitimation gemäß § 78 VwGO voraus.«

Auch ein sehr gravierender und häufiger Fehler. In Bayern wird die Regelung § 78 VwGO nach noch herrschender Meinung als Vorschrift zur Passivlegitimation angesehen. Passivlegitimation bedeutet, dass derjenige, der verklagt wird, der materiell-rechtlich »richtige« Beklagte ist, weil er das Klagebegehren des Klägers erfüllen kann und dazu verpflichtet wäre. Wenn bspw. eine Gemeinde eine Baugenehmigung erlässt und der Nachbar des Bauherrn richtet seine Drittanfechtungsklage gegen den Freistaat Bayern, so wäre die Klage nach der bayerischen Auffassung zulässig, aber unbegründet. Denn der Freistaat Bayern hat die Baugenehmigung nicht erlassen, sodass er sich auch nicht in einem Prozess für diese Baugenehmigung verantworten muss. Er könnte sie nicht einmal dann aufheben, wenn er wollte. Er ist nicht der richtige »Anspruchsgegner«. Die Passivlegitimation ist eine Voraussetzung für die Begründetheit der Klage.

Nach der herrschenden Meinung in den anderen Bundesländern regelt § 78 VwGO die Sachurteilsvoraussetzung der passiven Prozessführungsbefugnis. Dabei handelt es sich um das prozessuale Recht, den Prozess als Beklagter im eigenen Namen zu führen. Dieses Recht hat der Beklagte dann, wenn die vom Kläger behauptete Pflicht eine solche des Beklagten ist oder wenn es zwar die Pflicht eines anderes Rechtssubjektes ist, der Beklagte aber den Prozess in Prozessstandschaft führen darf. Insofern handelt es sich um eine Voraussetzung der Zulässigkeit der Klage.

Keinesfalls darf der Streit in der Klausur diskutiert werden, wenn es nicht höchst ausnahmsweise auf ihn ankommt (denkbar bei Problemen der Rechtskraft, die bei einem abweisenden Prozessurteil eine geringere Reichweite hat als bei einem abweisenden Sachurteil).

Keinesfalls darf außerdem die Passivlegitimation in der Zulässigkeit angesprochen werden. Auch wenn man die Meinung vertritt, die Regelung des § 78 VwGO enthalte eine

Zulässigkeitsvoraussetzung, so darf diese nicht als Passivlegitimation bezeichnet werden. Wenn man meint, es gehe bei § 78 VwGO um eine Sachurteilsvoraussetzung, so muss diese als passive Prozessführungsbefugnis bezeichnet werden. Nur wenn man der Auffassung ist, es handele sich um eine Regelung zur Begründetheit der Klage, darf man den Begriff »Passivlegitimation« überhaupt verwenden.

Fehler Nr. 25*

(Verwaltungsrecht)

»K müsste gemäß § 61 VwGO parteifähig sein.«

Der Begriff der Parteifähigkeit kommt im Verwaltungsprozess nicht vor. Terminologisch korrekt ist der Begriff der Beteiligtenfähigkeit oder Beteiligungsfähigkeit.

Fehler Nr. 26**

(Verwaltungsrecht)

»B müsste als Bürgermeister der beklagten Gemeinde G beteiligtenfähig sein.«

Ein extrem häufiger Fehler! Bei der Prüfung der Beteiligtenfähigkeit muss auf die Beteiligten abgestellt werden. Beteiligt sind nach § 63 VwGO insbesondere der Kläger und der Beklagte. D. h., es kommt auf deren Beteiligtenfähigkeit an. Irrelevant ist die Beteiligtenfähigkeit von Organen und Behörden des bzw. der Beklagten. Wenn die Gemeinde Beklagte ist, muss geprüft werden, ob sie beteiligtenfähig ist. Ob der Bürgermeister beteiligtenfähig ist, ist irrelevant, wenn er nicht Beteiligter, d. h. Kläger oder Beklagter, ist. Zu achten ist daher unbedingt stets darauf, dass die Passivlegitimation und die Beteiligtenfähigkeit kongruent, d. h. auf das gleiche Rechtssubjekt bezogen sind.

Fehler Nr. 27**

(Verwaltungsrecht)

»Der Freistaat Bayern ist nach § 63 Abs. 3 VwGO, Art. 16 AGVwGO, § 5 LABV prozessfähig, weil er ordnungsgemäß vertreten wird.«

Der Freistaat Bayern ist eine juristische Person und juristische Personen sind nie prozessfähig, da sie selbst keine Prozesshandlungen vornehmen können. Sie werden aber im Prozess durch ihre jeweiligen gesetzlichen Vertreter vertreten. Diese Vertretung gleicht den Mangel der Prozessfähigkeit aus, führt aber die Prozessfähigkeit als solche nicht herbei.

Fehler Nr. 28***

(Verwaltungsrecht)

»Die sachliche Zuständigkeit des Oberverwaltungsgerichts folgt hier aus § 48 Abs. 1 Nr. 5 VwGO. Da sich die Müllverbrennungsanlage in Augsburg befindet, ist das Oberverwaltungsgericht Augsburg nach § 52 Nr. 1 VwGO zuständig.«

Ein Oberverwaltungsgericht Augsburg existiert nicht.

Gut gemacht wurde hier, dass die sachliche Zuständigkeit des Oberverwaltungsgerichts nach § 48 VwGO erkannt wurde. Bei Großvorhaben von überörtlicher Bedeutung muss der

Klausurbearbeiter stets daran denken, dass abweichend vom Normalfall der sachlichen Zuständigkeit des Verwaltungsgerichts gemäß § 45 VwGO das Oberverwaltungsgericht nach § 48 VwGO zuständig sein kann.

Wenn die Zuständigkeit des Oberverwaltungsgerichts gegeben ist, so müssen unbedingt zwei Punkte beachtet werden.

Erstens gibt es Bundesländer, in denen das Oberverwaltungsgericht aufgrund der Ermächtigung in § 184 VwGO die Bezeichnung »Verwaltungsgerichtshof« führt (in Bayern bspw. »Bayerischer Verwaltungsgerichtshof« nach Art. 1 Abs. 1 S. 1 AGVwGO). Wenn dies der Fall ist, muss diese Bezeichnung verwendet werden. Die Benennung als Oberverwaltungsgericht ist dann schlichtweg falsch.

Zweitens gibt es in jedem Bundesland genau ein Oberverwaltungsgericht bzw. einen Verwaltungsgerichtshof. Ist dessen sachliche Zuständigkeit gegeben, bleibt kein Raum für die Prüfung der örtlichen Zuständigkeit nach § 52 VwGO. Wenn es nur einen Verwaltungsgerichtshof gibt, dann ist genau dieser eine Verwaltungsgerichtshof örtlich immer zuständig, weil sich seine Zuständigkeit auf das gesamte Staatsgebiet des jeweiligen Bundeslands bezieht.

Fehler Nr. 29***

(Verwaltungsrecht)

»Die Passivlegitimation ist nach § 78 Abs. 1 Nr. 1 VwGO gegeben, wenn sich die Anfechtungsklage gegen den Rechtsträger der handelnden Behörde richtet. Gehandelt hat die Gemeinde G. Deren Rechtsträger ist der Freistaat Bayern. Dieser ist folglich richtiger Beklagter.«

Ein echter Klassiker und nicht auszurotten. Studierende der Rechtswissenschaft scheinen der banalen Regel, dass im Falle des

Handelns einer Gemeinde stets und ohne Ausnahme die Gemeinde passivlegitimiert ist, auf breiter Front nicht zu vertrauen. Anders ist die enorme Fehlerquote in diesem Bereich kaum zu erklären.

Die Gemeinden sind kraft Verfassungsrechts (Art. 28 GG) eigenständige, außerhalb des Staates gelegene Rechtssubjekte. Es handelt sich bei den Gemeinden gerade nicht lediglich um Organe des Staates. Rechtsträger einer Gemeinde ist deshalb niemals der Staat, sondern immer die Gemeinde selbst. Dies gilt völlig unabhängig davon, ob die Gemeinde im eigenen oder im fremden Wirkungskreis gehandelt hat. Es wäre daher auch völlig falsch, im Rahmen der Passivlegitimation eine Prüfung des Wirkungskreises vorzunehmen. Darauf kommt es nicht an.

Fehler Nr. 30**

(Verwaltungsrecht)

»Die Passivlegitimation ist nach § 78 Abs. 1 Nr. 1 VwGO gegeben, wenn sich die Anfechtungsklage gegen den Rechtsträger der handelnden Behörde richtet. Gehandelt hat das Landratsamt L. Fraglich ist, ob dieses für die Erteilung der Baugenehmigung hier zuständig war.«

Häufig werden bei der Passivlegitimation Zuständigkeitsfragen erörtert. Dies ist im Falle der Anfechtungsklage immer und ohne Ausnahme falsch. Richtiger Beklagter ist der Rechtsträger der handelnden Behörde. Ob die Behörde ihre Zuständigkeit zu Unrecht angenommen hat, ist für die Passivlegitimation bei der Anfechtungsklage völlig unerheblich. Relevant wird die Zuständigkeit hier allein im Rahmen der Prüfung der formellen Rechtmäßigkeit des angefochtenen Verwaltungsakts.

Ganz anders verhält es sich bei der Verpflichtungsklage. Passivlegitimiert kann bei dieser nur der Rechtsträger derjenigen Behörde sein, die für den Erlass des begehrten Verwaltungsakts tatsächlich zuständig ist. Würde man bspw. den Freistaat Bayern verklagen, weil man vom Landratsamt Erding für ein Bauvorhaben in der Landeshauptstadt München eine Baugenehmigung haben möchte, wird die Klage als unbegründet abgewiesen werden müssen, weil der Freistaat Bayern nicht passivlegitimiert ist. Zwar ist der Freistaat Bayern in der Tat Rechtsträger des Landratsamts Erding, weil dieses mit der Erteilung einer Baugenehmigung eine Staatsaufgabe wahrnehmen würde, jedoch fehlt es an der örtlichen Zuständigkeit des Landratsamts Erding. Dieses kann kein Bauvorhaben im Stadtgebiet der Landeshauptstadt München genehmigen. Zuständig wäre sachlich und örtlich die Landeshauptstadt München. Da sie ihr eigener Rechtsträger ist, wäre sie passivlegitimiert. Daher kommt es bei der Prüfung der Verpflichtungsklage immer darauf an, welche Behörde sachlich und örtlich für die Erteilung des begehrten Verwaltungsakts zuständig ist. Richtiger Beklagter ist dann deren Rechtsträger.

Fehler Nr. 31*

(Verwaltungsrecht)

»Die Verpflichtungsklage ist begründet, wenn die angefochtene Abrissverfügung rechtswidrig ist und der Kläger dadurch in seinen Rechten verletzt wird.«

Das ist nicht falsch, aber zu ungenau formuliert. Der Obersatz der Begründetheit der Anfechtungsklage ist § 113 Abs. 1 S. 1 VwGO nachempfunden. Daher sollte diese Vorschrift auch unbedingt im Obersatz zitiert werden.

Des Weiteren ist die Klage nicht begründet, »wenn« die genannten Voraussetzungen erfüllt sind, sondern »soweit« dies der Fall ist. Der Unterschied zwischen »wenn« und »soweit« ist enorm. Ein »wenn« drückt eine totale Konditionalität aus, sodass die Klage nur entweder voll begründet oder voll unbegründet ist. Durch die Wendung »soweit« wird jedoch klargestellt, dass auch eine teilweise Begründetheit der Klage möglich ist. Besonders klausurrelevant wird diese Unterscheidung, wenn ein Verwaltungsakt mit Nebenbestimmungen angefochten wird. Der Verwaltungsakt als solcher kann rechtmäßig sein, aber eine seiner Nebenbestimmungen kann sich als rechtswidrig erweisen. Dann ist die Klage nur teilweise, nämlich lediglich in Bezug auf die selbstständig aufhebbare Nebenbestimmung, begründet.

Fehler Nr. 32**

(Verwaltungsrecht)

»Die Verpflichtungsklage ist nach § 113 Abs. 5 VwGO begründet, soweit die Ablehnung der Baugenehmigung rechtswidrig und K dadurch in seinen Rechten verletzt ist. Zunächst ist daher der Ablehnungsbescheid auf seine Rechtmäßigkeit zu untersuchen.«

Eine Klausur, die eine solche Untersuchung vornimmt, ist in den meisten Fällen nicht mehr zu retten, denn es kommt bei der Verpflichtungsklage grundsätzlich eben nicht auf die Rechtmäßigkeit des Ablehnungsbescheids an, sondern darauf, ob der Kläger einen Anspruch auf den begehrten Verwaltungsakt hat.

Der Ablehnungsbescheid ist nach herrschender Meinung nicht Gegenstand der Klage (Streitgegenstand). Daher kann es nicht richtig sein, die Begründetheitsprüfung nach ihm auszurichten. Zu prüfen ist allein die Anspruchsgrundlage, aus der sich der vom Kläger begehrte Verwaltungsakt ableiten lässt. Wer stattdessen einen »Anfechtungsaufbau« mit dem entsprechenden Prüfprogramm wählt, wird kaum eine Chance haben, die Klausur noch zu bestehen.

Eine Ausnahme gilt dann, wenn der Kläger nicht einen bestimmten Verwaltungsakt haben will, sondern er bereits einen Verwaltungsakt erhalten hat, der aus seiner Sicht Ermessensfehler aufweist. In diesem Fall begehrt der Kläger »nur noch« die Verurteilung der Behörde zu einer ermessensfehlerfreien Entscheidung (sogenannte »Bescheidungsklage«). In diesem Fall entspricht der Aufbau der Verpflichtungsklage dem der Anfechtungsklage. Diese Konstellation gibt es vor allem im Prüfungsrecht (Benotung ermessensfehlerhaft, Kläger begehrt daher ermessensfehlerfreien Prüfungsbescheid), ist allerdings kaum klausurrelevant. Sie liegt im Übrigen nicht vor, wenn der Kläger einen bestimmten Verwaltungsakt begehrt, das Gericht mangels Spruchreife aber nur ein Bescheidungsurteil erlässt (§ 113 Abs. 5 S. 2 VwGO). Diese Konstellation ist durchaus klausurrelevant. Sie unterscheidet sich von der zuvor geschilderten durch das Klagebegehren. Bei einer Bescheidungsklage begehrt der Kläger von vornherein lediglich die Verurteilung des Beklagten zu einer ermessensfehlerfreien Entscheidung, während er bei der »echten« Verpflichtungsklage die Verurteilung der Behörde zum Erlass eines konkret bestimmten Verwaltungsakts begehrt und dann lediglich ein Bescheidungsurteil im Sinne von § 113 Abs. 5 S. 2 VwGO erhält.

Fehler Nr. 33*

(Verwaltungsrecht)

»K hat daher gemäß Art. 68 Abs. 1 BayBO einen Anspruch auf Erteilung der beantragten Baugenehmigung. Fraglich ist aber, ob die Sache im Sinne von § 113 Abs. 5 S. 1 VwGO spruchreif ist.«

Gut ist, dass - wie es häufig passiert - die Spruchreife nicht vergessen wurde. Die Spruchreife ist im Falle der Erteilung einer Baugenehmigung allerdings nie fraglich, denn wenn die Anspruchsvoraussetzungen erfüllt sind, muss die Behörde dem Bauherren die Baugenehmigung erteilen. Sie hat kein Ermessen. Spruchreife ist nur dann fraglich, wenn die Anspruchsgrundlage, aus der sich das klägerische Begehren ergibt, der Behörde ein Entscheidungsermessen einräumt. Dann liegt Spruchreife nur im Falle der Ermessensreduzierung auf Null vor. Andernfalls ist die Spruchreife eben nicht fraglich, sondern in einem einzigen Satz zu bejahen.

Fehler Nr. 34*

(Verwaltungsrecht)

»Der Kläger K hat also gemäß Art. 68 Abs. 1 BayBO einen Anspruch auf Erteilung der beantragten Baugenehmigung. Auch ist die Sache spruchreif. Schließlich ist er durch die Ablehnung der Baugenehmigung in Art. 2 Abs. 1 GG verletzt.«

Die ersten beiden Sätze passen nicht zusammen. Wenn gesagt wird, dass der Kläger einen Anspruch auf Erteilung der Baugenehmigung hat, ist damit zugleich gesagt, dass die Sache spruchreif ist. Ein Anspruch ohne Spruchreife ist nicht denkbar.

Schlimmer ist jedoch, dass der Bearbeiter offenbar zusätzlich zum Bestehen eines Anspruchs noch eine (weitere) Rechtsverletzung fordert. Wenn der Kläger einen Anspruch auf Erteilung einer Baugenehmigung hat, der ihm verwehrt wurde, dann steht damit automatisch fest, dass der Kläger in seinen subjektiven Rechten verletzt ist. Er ist allerdings nicht in seiner allgemeinen Handlungsfreiheit gemäß Art. 2 Abs. 1 GG verletzt, denn diese Vorschrift gibt ihm ja gerade nicht das Recht, sein Bauvorhaben umzusetzen (Konzept des präventiven Bauverbots mit Erlaubnisvorbehalt). Er ist vielmehr ausschließlich in dem ihm durch die Anspruchsgrundlage gewährleisteten Recht verletzt, hier also in dem Recht auf Erteilung einer Baugenehmigung, mithin in Art. 68 Abs. 1 BayBO. Einer besonderen Erwähnung dieser Rechtsverletzung bedarf es nicht, da durch die Feststellung des Anspruchs diese Rechtsverletzung bereits implizit erwähnt wurde.

Fehler Nr. 35**

(Verwaltungsrecht)

»Der Verwaltungsakt könnte formell rechtswidrig sein, weil er nicht ordnungsgemäß zugestellt wurde.«

Auch dieser Fehler zeugt von fehlendem Systemverständnis. Die Zustellung betrifft nur die Frage, wie der Verwaltungsakt bekannt gegeben wurde. Für die Rechtmäßigkeit spielt dies absolut keine Rolle. Die Rechtmäßigkeit bezieht sich stets nur auf inhaltliche Fragen des Verwaltungsakts, nicht auf Fragen der Zustellung, die außerhalb des Verwaltungsakts liegen. Die Zustellung ist einzig und allein für die Frage relevant, ob und seit wann ein Verwaltungsakt rechtlich existent ist. Dies ist vor allem für die Klagefrist entscheidend.

Auch die Bekanntgabe des Verwaltungsakts ist keinesfalls als Rechtmäßigkeitsfrage anzusehen. Die Bekanntgabe eines Verwaltungsakts ist nach § 43 Abs. 1 S. 1 VwVfG für die Wirksamkeit des Verwaltungsakts erforderlich. Die Bekanntgabe betrifft also die Frage, ob überhaupt ein Verwaltungsakt existiert, der überprüft werden kann. Ist diese Frage zu verneinen, kann der Verwaltungsakt nicht formell oder materiell rechtswidrig sein, da er rechtlich nicht existent ist. Was rechtlich nicht existiert, kann aber auch nicht gegen die Rechtsordnung verstoßen.

Fehler Nr. 36*

(Verwaltungsrecht)

»Der Verwaltungsakt könnte formell rechtswidrig sein, weil er keine korrekte Rechtsbehelfsbelehrung enthielt.«

Die Rechtsbehelfsbelehrung ist nach § 58 VwGO nur für die Klagefrist relevant. Ihr Fehlen oder ihre Fehlerhaftigkeit berühren den Verwaltungsakt in seiner rechtlichen Integrität in keiner Weise. Wie sich aus dem Wortlaut des § 60 VwGO (»... beizufügen ...«) ergibt, ist die Rechtsbehelfsbelehrung gerade kein integraler Bestandteil des Verwaltungsakts, sondern nur eine »beizufügende«, also den Verwaltungsakt begleitende, Erklärung. Mit der formellen Rechtmäßigkeit des Verwaltungsakts hat die Rechtsbehelfsbelehrung daher nichts zu tun.

Fehler Nr. 37**

(Verwaltungsrecht)

»Der Verwaltungsakt könnte mangels Bestimmtheit nach § 37 Abs. 1 VwVfG formell rechtswidrig sein.«

Die inhaltlich hinreichende Bestimmtheit eines Verwaltungsakts im Sinne von § 37 Abs. 1 VwVfG gehört nicht zu seiner formellen, sondern zu seiner materiellen Rechtmäßigkeit. Es geht nicht nur um eine formelle Frage beim Erlass des Verwaltungsakts (Zuständigkeit, Verfahren, äußere Form), sondern um einen inhaltlichen Aspekt. Wenn der Staat etwas Unbestimmtes anordnet, also insbesondere ein Gebot oder Verbot aufstellt, das so unverständlich ist, dass es der jeweilige Inhaltsadressat nicht verstehen kann, so verstößt dieses Gebot bzw. Verbot gegen rechtsstaatliche Anforderungen und damit gegen Vorgaben des materiellen Rechts.

Fehler Nr. 38**

(Verwaltungsrecht)

»Die Baugenehmigung ist formell rechtswidrig, weil der Nachbar N nicht gemäß § 28 Abs. 1 VwVfG angehört wurde.«

Nach § 28 Abs. 1 VwVfG müssen nur Beteiligte angehört werden. Nach § 13 Abs. 1 ist der Nachbar nicht Beteiligter, da er weder Antragsteller oder Antragsgegner ist (§ 13 Abs. 1 Nr. 1 VwVfG) noch sich die Baugenehmigung an ihn richtet (§ 13 Abs. 1 Nr. 2 VwVfG). Auch § 13 Abs. 1 Nr. 3 oder 4 VwVfG sind evident nicht einschlägig. Daher muss der Nachbar nicht gemäß § 28 Abs. 1

VwVfG angehört werden. Seine verfahrensrechtlichen Interessen werden durch Art. 66 BayBO bzw. durch die entsprechenden Regelungen in den anderen Bundesländern gewahrt.

Fehler Nr. 39*

(Verwaltungsrecht)

»Die Anhörung des K ist zwar zu Unrecht unterblieben, jedoch könnte dieser Fehler durch Erhebung der Klage nach § 45 Abs. 1 Nr. 3 VwVfG geheilt worden sein.«

Das kann nicht funktionieren, auch wenn man eine derartige These nicht nur in Klausuren, sondern auch in ansonsten fachlich guter Ausbildungsliteratur findet. Eine Heilung nach § 45 Abs. 1 VwVfG betrifft Fehler, die im Verwaltungsverfahren aufgetreten sind. Eine Heilung muss konsequenterweise ebenfalls im Verwaltungsverfahren erfolgen. Die Erhebung der Klage gehört aber nicht zum Verwaltungsverfahren, sondern leitet ein Verwaltungsgerichtsverfahren ein, was etwas völlig anderes ist. Zwar ist die Heilung nach § 45 Abs. 2 VwVfG bis zum Abschluss der letzten Tatsacheninstanz eines verwaltungsgerichtlichen Verfahrens möglich, diese Vorschrift stellt aber nur eine zeitliche Vorgabe auf, besagt jedoch nicht, dass eine Heilung im verwaltungsgerichtlichen Verfahren erfolgt. Die Nachholung einer unterlassenen Verfahrenshandlung, wie insbesondere die Anhörung nach § 28 VwVfG, kann erfolgen, wenn schon ein Verwaltungsgerichtsverfahren anhängig ist, muss jedoch außerhalb dieses Verfahrens durch die Behörde – und nicht durch das Gericht – vorgenommen werden.

Fehler Nr. 40***

(Verwaltungsrecht)

»Der Verwaltungsakt ist rechtswidrig und damit nichtig.«

Das ist gleichsam der Bruch des verwaltungsrechtlichen Abstraktionsprinzips. Aufgrund des Rechtsstaatsgebots sind rechtswidrige staatliche Maßnahmen grundsätzlich nichtig, denn wenn der Staat oder ein anderer Hoheitsträger sich mit einem bestimmten Verhalten nicht an seine eigenen Gesetze hält, so kann diesem Verhalten keine rechtliche Verbindlichkeit zukommen. Eine Maßnahme, die geltendes Recht bricht, kann nicht gelten. Von diesem Grundsatz gibt es aber einige Ausnahmen. Insbesondere ist ein rechtswidriger Verwaltungsakt lediglich anfechtbar, aber nicht nichtig. Daher ist ein Verwaltungsakt auch dann verbindlich, wenn er rechtswidrig ist. Wird er nicht durch eine Anfechtungsklage rechtzeitig angefochten, bleibt er bestehen und bindet den Betroffenen trotz seiner Rechtswidrigkeit. Nichtig und damit unverbindlich ist ein Verwaltungsakt nur in den seltenen Fällen des § 44 Abs. 2 VwVfG oder wenn er nach § 44 Abs. 1 VwVfG unter einem sonstigen besonders schwerwiegenden und offensichtlichen Fehler leidet.

Fehler Nr. 41*

(Verwaltungsrecht)

»Der Verwaltungsakt ist rechtskräftig.«

Das ist zumindest terminologisch falsch. Rechtskräftig werden nur Urteile. Das entsprechende Rechtsinstitut bei Verwaltungsakten heißt Bestandskraft.

Fehler Nr. 42**

(Verwaltungsrecht)

»Die Gemeinde hat jedoch einen Ermessensspielraum hinsichtlich der Frage, ob die unbestimmten Voraussetzungen der Ermächtigungsgrundlage erfüllt sind.«

Definitiv nicht! Ein Ermessen kann sich nur auf der Rechtsfolgenseite einer Ermächtigungsgrundlage auswirken. Bei sogenannten »Kann-Vorschriften« steht der Behörde die Möglichkeit offen, nach Zweckmäßigkeitsgesichtspunkten zu entscheiden, ob sie von der Ermächtigungsgrundlage Gebrauch macht oder nicht. Die Ausübung dieses Ermessens kommt aber erst dann in Betracht, wenn feststeht, dass der Tatbestand der Ermächtigungsgrundlage, d. h. all deren Voraussetzungen, erfüllt ist. Hierbei kann der Behörde hinsichtlich unbestimmter Rechtsbegriffe ein Beurteilungsspielraum zukommen. Ein solcher besteht nie auf der Rechtsfolgenseite, sondern nur auf der Tatbestandsseite der Ermächtigungsgrundlage. Während die Ausübung des Ermessens vom Verwaltungsgericht nach § 114 S. 1 VwGO nur auf Ermessensfehler hin überprüfbar ist, besteht hinsichtlich der verwaltungsgerichtlichen Kontrolldichte auf Tatbestandsseite in der Regel keine Einschränkung. D. h., grundsätzlich kann das Verwaltungsgericht uneingeschränkt überprüfen, ob die Annahme der Behörde, der Tatbestand der Ermächtigungsgrundlage sei erfüllt, korrekt ist oder nicht.

Fehler Nr. 43**

(Verwaltungsrecht)

»Anspruchsgrundlage für das Begehren des Klägers, ihm die gezahlten Gebühren zu erstatten, ist § 113 Abs. 2 S. 2 VwGO.«

Die Bedeutung des § 113 Abs. 1 S. 2 VwGO wird oft verkannt. Es handelt sich nicht um eine Anspruchsgrundlage auf Beseitigung der Folgen der Vollziehung eines Verwaltungsakts. Für eine solche Regelung innerhalb der VwGO hätte der Bundesgesetzgeber schon keine Gesetzgebungskompetenz. Es handelt sich um eine Vorschrift von ausschließlich prozessualer Bedeutung. Um ihre Bedeutung zu illustrieren, mag folgendes Beispiel dienen. Angenommen, der Kläger greift einen Gebührenbescheid mit der Anfechtungsklage an und obsiegt. Er müsste dann eigentlich den Eintritt der Rechtskraft des kassatorischen Urteils abwarten und kann im Anschluss die aufgrund des nun aufgehobenen Gebührenbescheids zu Unrecht gezahlten Gebühren von der Behörde verlangen. Weigert diese sich, die Gebühren zu erstatten, müsste der Kläger erneut Klage erheben und sich die Rückzahlung der Gebühren in einem neuen Prozess erstreiten. Um diesen langwierigen Weg und die doppelte Inanspruchnahme des Verwaltungsgerichts zu vermeiden, räumt § 113 Abs. 1 S. 2 VwGO dem Kläger die Möglichkeit ein, die aufgrund des angegriffenen Bescheids erbrachte Leistung zeitgleich mit der Anfechtung dieses Bescheids innerhalb desselben Prozesses zurückzuverlangen. Es handelt sich um einen spezialgesetzlich geregelten Sonderfall einer stets zulässigen Klagehäufung. Die Anspruchsgrundlage für die Rückgewähr der erbrachten Leistung ergibt sich jedoch allein aus materiellem Recht. Wenn eine solche Anspruchsgrundlage existiert, ermöglicht § 113 Abs. 1 S. 2 VwGO deren vereinfachte Geltendmachung im Klagewege.

Fehler Nr. 44***

(Verwaltungsrecht)

»Die Normenkontrolle nach § 47 VwGO ist begründet, wenn der Bebauungsplan rechtswidrig ist und der Antragsteller dadurch in seinen Rechten verletzt ist.«

Ein zwar verständlicher, jedoch leider kaum verzeihlicher Fehler. Das Normenkontrollverfahren nach § 47 VwGO weist eine Doppelfunktion auf. Einerseits ist es ein subjektives Rechtsschutzverfahren, andererseits ein objektives Rechtsbeanstandungsverfahren. Die subjektive Determiniertheit zeigt sich jedoch ausschließlich im Rahmen der Zulässigkeit. Dort ist eine Antragsbefugnis erforderlich, d. h., der Antragsteller muss eine mögliche Rechtsverletzung durch die zu kontrollierende Norm bzw. deren Anwendung darlegen (bzw. bei Behörden eine Anwendungs- oder Regelungsbetroffenheit). Hier gelten im Prinzip die gleichen Grundsätze wie bei der Klagebefugnis. In der Begründetheit wird dieses subjektiv-rechtliche Element jedoch komplett fallen gelassen. Der Erfolg des Antrags hängt nicht von der Verletzung subjektiver Rechte ab. Ausreichend ist schon die objektive Rechtswidrigkeit des Kontrollgegenstandes. Wer im Rahmen der Begründetheit also die Verletzung subjektiver Rechte prüft, verkennt die objektive Determiniertheit der Begründetheitsprüfung.

Fehler Nr. 45*

(Verwaltungsrecht)

»Der Antrag nach § 80 Abs. 5 VwGO ist zulässig, wenn alle Sachurteilsvoraussetzungen erfüllt sind.«

Im Verfahren nach § 80 Abs. 5 VwGO ergeht kein Urteil, sondern ein Beschluss (vgl. §§ 80 Abs. 7, 122 Abs. 2 VwGO). Daher sollte nicht von Sachurteilsvoraussetzungen, sondern von Sachentscheidungsvoraussetzungen gesprochen werden.

Fehler Nr. 46*

(Verwaltungsrecht)

»Der Antrag nach § 80 Abs. 5 VwGO ist analog § 74 VwGO nur zulässig, wenn die Antragsfrist eingehalten wurde.«

Das ist falsch und ergibt auch keinen Sinn. Die Regelung zur Klagefrist nach § 74 VwGO ist nicht im Wege einer Analogie auf den Antrag nach § 80 Abs. 5 VwGO zu übertragen. Der Antrag nach § 80 Abs. 5 VwGO ist für Fälle gedacht, in denen der Antragsteller die Entscheidung über die Anfechtungsklage in der Hauptsache nicht abwarten kann. Ihm soll bereits zuvor Rechtsschutz durch die aufschiebende Wirkung seiner Klage gewährt werden. Die Klagefrist des § 74 VwGO dient dagegen der Rechtssicherheit. Spätestens nach Fristablauf soll klar sein, ob der Verwaltungsakt nun in Bestandskraft erwächst oder nicht. In den Fällen, in denen der Verwaltungsakt bereits angefochten wurde, kann Rechtssicherheit ohnehin noch nicht eintreten. Es gibt daher keinen Grund, auf den Antrag nach § 80 Abs. 5 VwGO eine Regelung analog anzuwenden, die der Rechtssicherheit dienen soll. Mittelbar spielt die Klagefrist des § 74 VwGO aber auch beim Antrag nach § 80 Abs. 5 VwGO eine Rolle, denn wenn der Betroffene den Verwaltungsakt nicht innerhalb der Klagefrist angefochten hat, nützt ihm ein Antrag auf Anordnung bzw. Widerherstellung der aufschiebenden Wirkung nach § 80 Abs. 5 VwGO nichts, da die aufschiebende Wirkung die Erhebung einer fristgerechten Klage voraussetzt. Daher fehlt in solchen Fällen für den Antrag nach § 80 Abs. 5 VwGO das Rechtsschutzbedürfnis. Daher muss im Rahmen der Prüfung des Antrags nach § 80 Abs. 5 VwGO beim Rechtsschutzbedürfnis geprüft werden, ob die Klagefrist nach § 74 VwGO eingehalten wurde oder – falls noch keine Klage erhoben wurde – noch eingehalten werden kann.

Fehler Nr. 47*

(Verwaltungsrecht)

»Der Antrag nach § 80 Abs. 5 VwGO ist begründet, wenn eine summarische Abwägung der Erfolgsaussichten in der Hauptsache zu dem Ergebnis gelangt, dass das Aussetzungsinteresse das Vollziehungsinteresse überwiegt.«

Das ist so nicht richtig. Die Begründetheit setzt in der Tat eine Abwägung von Aussetzungs- und Vollziehungsinteresse voraus. Dabei kommt den Erfolgsaussichten in der Hauptsache als Abwägungskriterium besondere Bedeutung zu. Damit das Verwaltungsgericht aber nicht zuerst die Hauptsache inklusive Beweiserhebung und Beweiswürdigung komplett »durchentscheiden« muss, bevor über den Antrag nach § 80 Abs. 5 VwGO entschieden werden kann, darf das Gericht die Hauptsache summarisch prüfen. Es bedarf insbesondere keiner Beweiserhebung zur vollständigen Aufklärung des Sachverhalts. Zu beachten bei der Formulierung des Obersatzes ist aber, dass eben nicht die Abwägung summarisch erfolgt, sondern die Prüfung der Erfolgsaussichten in der Hauptsache. Richtig kann der Obersatz daher bspw. lauten: »Der Antrag nach § 80 Abs. 5 VwGO ist begründet, wenn im Rahmen einer Abwägung aufgrund einer eigenen originären Ermessensentscheidung des Gerichts das Aussetzungsinteresse des Betroffenen das öffentliche Vollziehungsinteresse überwiegt. Dabei kommt es zunächst auf eine summarische Prüfung der Erfolgsaussichten in der Hauptsache an.«

Fehler Nr. 48*

(Verwaltungsrecht)

»Der Antrag nach § 80 Abs. 5 VwGO ist begründet, wenn im Rahmen einer Abwägung aufgrund einer eigenen originären Ermessensentscheidung des Gerichts das Aussetzungsinteresse des Betroffenen das öffentliche Vollziehungsinteresse überwiegt und die Hauptsache nicht vorweggenommen wird.«

Die Vorwegnahme der Hauptsache ist kein Kriterium zur Prüfung der Begründetheit des Antrags nach § 80 Abs. 5 VwGO. Allenfalls kann bei offenen Erfolgsaussichten in der Hauptsache im Rahmen einer »echten« Interessenabwägung berücksichtigt werden, ob und inwieweit durch eine antragsgemäße Anordnung bzw. Wiederherstellung der aufschiebenden Wirkung vollendete Tatsachen geschaffen werden.

Fehler Nr. 49**

(Verwaltungsrecht)

»Die Sofortvollzugsanordnung entspricht dem Wortlaut des § 80 Abs. 3 VwGO und ist damit rechtmäßig.«

Gerade dann ist sie es nicht! Die Sofortvollzugsanordnung darf eben nicht nur den Gesetzeswortlaut formelhaft wiedergeben. Sie muss auf den konkreten Einzelfall bezogen sein. Um zu begründen, dass sie diesen Anforderungen entspricht, sollte auch der Klausurbearbeiter nicht nur feststellen, dass dies der Fall ist, sondern begründen, warum dies der Fall ist.

Fehler Nr. 50*

(Verwaltungsrecht)

»Die Sofortvollzugsanordnung müsste auch materiell rechtmäßig sein.«

Die Sofortvollzugsanordnung ist schon dann rechtmäßig, wenn die formellen Anforderungen des § 80 Abs. 3 VwGO gewahrt sind. Eine materielle Rechtmäßigkeit der Sofortvollzugsanordnung wird im Rahmen der Interessenabwägung implizit mitgeprüft.

Fehler Nr. 51**

(Tenorierung)

»Die Berufung wird nicht zugelassen.«

Nach § 124a Abs. 1 S. 2 VwGO ist das Verwaltungsgericht nicht zu diesem Ausspruch befugt. Dennoch schreiben ihn zahlreiche

Referendare als Entscheidungstenor in die in ihren Klausuren zu fertigenden Urteilsentwürfe. Das Verwaltungsgericht lässt die Berufung entweder zu oder es schweigt sich insoweit aus.

Fehler Nr. 52**

(Staatsrecht)

»Die abstrakte Normenkontrolle setzt die Parteifähigkeit von Antragsteller und Antragsgegner voraus.«

Die abstrakte Normenkontrolle ist kein kontradiktorisches Verfahren. Sie kennt daher nur einen Antragsteller, nicht aber auch einen Antragsgegner. Als Konsequenz daraus ist der Begriff der Parteifähigkeit bei der abstrakten Normenkontrolle nicht gebräuchlich, weil dieser bei kontradiktorischen Verfahren verwendet wird.

Fehler Nr. 53*

(Staatsrecht)

»Die abstrakte Normenkontrolle ist begründet, wenn das Mautgesetz gegen höherrangiges Recht verstößt.«

Das ist viel zu ungenau. Bei der abstrakten Normenkontrolle wird geprüft, ob eine Norm gegen das Grundgesetz bzw. sonstiges Bundesrecht verstößt. Nicht wird hingegen die Vereinbarkeit mit jedwedem höherrangigen Recht geprüft, denn das hieße, dass der Kontrollgegenstand auch auf seine Vereinbarkeit mit EU-Recht geprüft werden müsste. Dies ist aber nicht der Fall. Das BVerfG ist nicht dazu da, für die Vereinbarkeit deutscher Rechtsvorschriften mit dem Recht der EU zu sorgen.

Fehler Nr. 54***

(Staatsrecht)

»Parteifähig im Organstreitverfahren sind nach § 63 BVerfGG auch die mit eigenen Rechten ausgestatteten Teile der dort genannten Staatsorgane. Die P-Partei ist daher als Teil des Bundestags parteifähig.«

Keine einzige politische Partei ist Teil des Deutschen Bundestags. Der Bundestag lässt sich nicht in Parteien, wohl aber in Fraktionen untergliedern. Als Teil des Deutschen Bundestags parteifähig im Organstreitverfahren ist also die Fraktion der P-Partei.

Fehler Nr. 55***

(Staatsrecht)

»Der Abgeordnete A ist als ›jedermann‹ im Sinne von Art. 93 Abs. 1 Nr. 4a GG, § 90 BVerfGG beschwerdefähig im Verfassungsbeschwerdeverfahren, da ihm als Träger der Meinungsfreiheit nach Art. 5 Abs. 1 GG vom Bundestagspräsidenten in einer Plenarsitzung das Wort entzogen wurde.«

Ein Abgeordneter des Deutschen Bundestags ist als Mensch zunächst durchaus ein »jedermann« gemäß Art. 93 Abs. 1 Nr. 4a GG, § 90 Abs. 1 BVerfGG und damit beschwerdefähig im Verfahren der Verfassungsbeschwerde. Soweit er jedoch seine

Rechte als Abgeordneter geltend macht, ist er schon kein Träger von Grundrechten. Insbesondere folgt sein Recht, im Bundestag zu sprechen, keineswegs aus der Gewährleistung der Meinungsfreiheit nach Art. 5 Abs. 1 GG, sondern aus seinem Abgeordnetenstatus gemäß Art. 38 Abs. 1 S. 2 GG. Der Abgeordnete ist selbst Teil der Legislative und damit Teil des Staates. Er ist daher Teil eines gemäß Art. 1 Abs. 3 GG grundrechtsverpflichteten Rechtssubjekts. Als solches kann er nicht zugleich auch grundrechtsberechtigt sein. Die Beschwerdefähigkeit im Verfassungsbeschwerdeverfahren setzt jedoch zwingend voraus, dass der Beschwerdeführer grundrechtsberechtigt, d. h. Träger von Grundrechten, ist. Der Abgeordnete kann seine Abgeordnetenrechte nur im Wege eines Organstreitverfahrens durchsetzen.

Soweit der Abgeordnete nicht die Rechte aus seinem Abgeordnetenstatus geltend macht, ist er als natürliche Person jedoch selbstverständlich Grundrechtsträger und damit als »jedermann« zur Erhebung einer Verfassungsbeschwerde berechtigt.

Fehler Nr. 56**

(Staatsrecht)

»Der B ist beschwerdebefugt gemäß Art. 93 Abs. 1 Nr. 4a GG, § 90 Abs. 1 BVerfGG, wenn er in seinen Grundrechten oder grundrechtsgleichen Rechten verletzt ist.«

Die Beschwerdebefugnis setzt keine Grundrechtsverletzung voraus. Erforderlich, aber auch ausreichend, ist die bloße Möglichkeit einer Grundrechtsverletzung, d. h., eine solche darf nicht von vornherein ausgeschlossen sein (sogenannte »Möglichkeitstheorie«). Ob tatsächlich eine Verletzung gegeben ist, darf keinesfalls bereits im Rahmen der Beschwerdebefugnis geprüft werden. Dies stellt ausschließlich eine Frage der Begründetheit der Verfassungsbeschwerde dar.

Fehler Nr. 57**

(Staatsrecht)

»Die Verfassungsbeschwerde gegen das Zivilurteil setzt in der Beschwerdebefugnis eine qualifizierte Betroffenheit und eine mögliche Rechtsverletzung voraus. Beides ist hier gegeben.«

Abgesehen davon, dass diese Ausführungen stilistisch mangelhaft sind, sind sie inhaltlich völlig substanzlos. Das Besondere ist hier aber, dass es um eine Verfassungsbeschwerde gegen ein Zivilurteil geht. Bei einer solchen muss entweder schon im Rahmen der Beschwerdebefugnis oder aber in der Begründetheit unbedingt erklärt werden, wie es sein kann, dass ein Zivilurteil, das letztlich nur einen Streit zwischen zwei Privatrechtssubjekten entscheidet, Grundrechte verletzen kann, denn im Verhältnis dieser Privatrechtssubjekte gelten die Grundrechte nicht. Sie binden nach Art. 1 Abs. 3 GG die staatliche Gewalt und sonst niemanden. Daher kann ein Zivilurteil an sich keine Grundrechte verletzen. Eine Grundrechtsverletzung müsste von vornherein ausgeschlossen und die Beschwerdebefugnis daher abzulehnen sein. Da die Grundrechte nach herrschender Meinung aber mittelbare Drittwirkung entfalten, muss auch ein Zivilurteil die Grundrechte der Streitparteien beachten. Insbesondere bei der

Auslegung unbestimmter Rechtsbegriffe kann den Grundrechten entscheidende Bedeutung zukommen. Folglich erscheint unter dem Gesichtspunkt der mittelbaren Drittwirkung eine Grundrechtsverletzung auch im Falle eines Zivilurteils nicht von vornherein ausgeschlossen. Dies muss dann bei der Anwendung der Möglichkeitstheorie ausgeführt werden.

Bei Straf-, Sozial-, Finanz- und Verwaltungsgerichtsurteilen stellt sich die Problematik der mittelbaren Drittwirkung dagegen nicht. Hier stehen sich jeweils Staat und Bürger unmittelbar gegenüber, sodass die Grundrechte unmittelbar gelten (Art. 1 Abs. 3 GG).

Fehler Nr. 58*

(Staatsrecht)

»Die Verfassungsbeschwerde müsste hier subsidiär sein.«

Die Verfassungsbeschwerde ist immer subsidiär, d. h., es müssen immer zunächst alle anderen Mittel erfolglos ausgeschöpft worden sein, um die behauptete Grundrechtsverletzung auszuräumen. Dem Erfordernis der Subsidiarität muss immer Genüge getan werden. Wenn dies im Einzelfall der Fall ist, ist in der Klausur festzustellen: »Das Erfordernis der Subsidiarität wurde gewahrt.«

Diese Sachentscheidungsvoraussetzung ist allerdings nur bei Rechtssatzverfassungsbeschwerden relevant und daher regelmäßig nur bei diesen überhaupt anzusprechen.

Fehler Nr. 59*

(Staatsrecht)

»Die Verfassungsbeschwerde des A ist begründet, wenn das X-Gesetz gegen das Grundgesetz verstößt und A daher in seinen Grundrechten verletzt wird.«

Das dargestellte Prüfprogramm ist falsch. Es wird nicht untersucht, ob ein objektiver Verstoß gegen das GG vorliegt, und sodann, ob daraus eine subjektive Grundrechtsverletzung folgt. Maßgeblich ist allein, ob eine Grundrechtsverletzung gegeben ist. Eine Verletzung des GG ist im Übrigen nicht prinzipal, sondern allenfalls inzident im Rahmen der Grundrechtsprüfung zu untersuchen.

Fehler Nr. 60*

(Staatsrecht)

»Ein Grundrechtsverstoß ist gegeben, wenn eine Verletzung vorliegt und diese Verletzung nicht verfassungsrechtlich gerechtfertigt werden kann.«

Eine Verletzung kann denknotwendig nicht gerechtfertigt werden. Gerechtfertigt werden kann nur ein Eingriff in ein Grundrecht. Fehlt es an einer solchen Rechtfertigung, liegt eine Verletzung vor. Außerdem kommt es nicht darauf an, ob der Eingriff gerechtfertigt werden kann, sondern darauf, ob er gerechtfertigt ist.

Der Obersatz muss daher lauten: »Eine Grundrechtsverletzung ist gegeben, wenn ein Eingriff vorliegt, der nicht verfassungsrechtlich gerechtfertigt ist.«

Fehler Nr. 61**

(Staatsrecht)

»Der Bund müsste nach Art. 70 ff. GG die Gesetzgebungs- und nach Art. 83 ff. GG die Verwaltungskompetenz haben.«

Die Gesetzgebungskompetenz ist eine Frage der formellen Verfassungsmäßigkeit. Es geht um die Frage, welche Gebietskörperschaft – der Bund oder die Länder – die Befugnis haben, ein bestimmtes Gesetz zu erlassen. Die Verwaltungskompetenz betrifft dagegen die Frage, welche Gebietskörperschaft das erlassene Gesetz auf welche Weise ausführen muss. Die Gesetzesausführung hat nichts mit dem Zustandekommen des Gesetzes zu tun. Daher kann die Verwaltungskompetenz auch keine Frage der formellen Verfassungsmäßigkeit sein, bei der es einzig und allein um das Zustandekommen des Gesetzes geht. Sofern es auf die Verwaltungskompetenz ankommt, kann dies nur im Rahmen der materiellen Verfassungsmäßigkeit zu prüfen sein.

Fehler Nr. 62**

(Staatsrecht)

»Der Bundespräsident müsste das Gesetz schließlich noch gemäß Art. 82 Abs. 1 GG gegengezeichnet und sodann ausgefertigt haben.«

Hier wurde die Regelung des Art. 82 Abs. 1 GG völlig falsch verstanden. Diese Vorschrift besagt, dass das zustande gekommene Gesetz zunächst durch die Bundesregierung (Bundeskanzler oder zuständiger Fachminister) gegengezeichnet und dann vom Bundespräsidenten ausgefertigt wird. Der Bundespräsident kann nicht selbst die Gegenzeichnung vornehmen. Ansonsten müsste er das Gesetz zweimal unterschreiben, was evident sinnlos wäre. Hintergrund ist die Regelung des Art. 58 GG. Der Bundespräsident soll nach den schlechten Erfahrungen in der Weimarer Republik nach der grundgesetzlichen Konzeption eine sehr schwache Stellung haben und weit überwiegend lediglich repräsentative Funktionen wahrnehmen. Deshalb kann er ohne Gegenzeichnung durch die Bundesregierung keine wirksamen Anordnungen und Verfügungen treffen. So kontrolliert die Bundesregierung das Verhalten des Bundespräsidenten. Daher kann er nicht einmal ein Gesetz ausfertigen, sofern nicht zuvor die Gegenzeichnung durch die Bundesregierung erfolgt ist.

Fehler Nr. 63**

(Staatsrecht)

»Das Gesetz könnte formell verfassungswidrig sein, wenn es nicht hinreichend bestimmt ist.«

Das Gebot hinreichender Bestimmtheit aller Rechtsvorschriften folgt grundsätzlich aus dem in Art. 20 Abs. 3 GG verankerten Rechtsstaatsgebot. In einem Rechtsstaat müssen die geltenden Rechtsvorschriften so formuliert sein, dass man ihren Bedeutungsgehalt erkennen kann. Für Gesetze des Straf- und des Ordnungswidrigkeitenrechts enthält Art. 103 Abs. 2 GG ein spezielles und strengeres Bestimmtheitsgebot. Für Gesetze, die zum Erlass von Rechtsverordnungen ermächtigen, gilt zusätzlich zum allgemeinen das spezielle Bestimmtheitsgebot des Art. 80 Abs. 1 S. 2 GG. Die Frage hinreichender Bestimmtheit von Rechtsvorschriften stellt sich jedenfalls nicht schon bei der Prüfung der formellen Verfassungsmäßigkeit, denn es handelt sich bei der Bestimmtheit gerade nicht um eine Frage über das Zustandekommen der Rechtsvorschrift. Es geht vielmehr um deren Inhalt, also um einen materiellen Aspekt. Sie ist daher im Rahmen der Prüfung der materiellen Verfassungsmäßigkeit zu untersuchen.

Fehler Nr. 64*

(Staatsrecht)

»Das Gesetz ist nur dann formell verfassungsmäßig, wenn auch das Zitiergebot des Art. 19 Abs. 1 S. 2 GG beachtet wurde.«

Das Zitiergebot betrifft nicht die Frage, wie das Gesetz zustande gekommen ist. Es ist daher nicht im Rahmen der formellen Verfassungsmäßigkeit zu prüfen. Das Gesetz wahrt das Zitiergebot nur, wenn es einen Hinweis auf die Einschränkung eines Grundrechts enthält. Es geht beim Zitiergebot also um eine Frage des Inhalts des Gesetzes. Daher ist die Wahrung des Zitiergebots nur in der Prüfung der materiellen Verfassungsmäßigkeit zu untersuchen.

Fehler Nr. 65**

(Staatsrecht)

»Die Rechtsverordnung müsste nach Art. 80 Abs. 2 S. 2 GG nach Inhalt, Zweck und Ausmaß hinreichend bestimmt sein.«

Klausurfälle mit Rechtsverordnungen stellen die Bearbeiter regelmäßig vor erhebliche Aufbauprobleme. Denn es gibt zwei

Rechtsnormen, die verfassungsmäßig sein müssen. Zum einen die Rechtsverordnung selbst, zum anderen aber auch die gesetzliche Ermächtigung zum Erlass dieser Rechtsverordnung (aus historischen Gründen besser nicht als »Ermächtigungsgesetz« zu bezeichnen).

Die Anforderungen des Art. 80 Abs. 2 S. 2 GG an die Bestimmtheit hinsichtlich Inhalt, Zweck und Ausmaß werden nicht an die Rechtsverordnung gestellt, sondern an das ermächtigende Gesetz. Dieses darf dem Verordnungsgeber nicht freie Hand hinsichtlich der Regelung von Inhalt, Zweck und Ausmaß der Verordnung lassen. Es muss ihm insoweit im Sinne legislativer Verantwortung und Kontrolle Grenzen setzen. Nur innerhalb dieser Grenzen darf der Verordnungsgeber Regelungen treffen. Daraus ergibt sich, dass das in Art. 80 Abs. 2 S. 2 GG spezialgesetzlich geregelte Bestimmtheitsgebot nicht im Rahmen der Verfassungsmäßigkeit der Rechtsverordnung, sondern im Rahmen der Verfassungsmäßigkeit des ermächtigenden Gesetzes zu prüfen ist.

Bei der Prüfung der Verordnung muss dann untersucht werden, ob sich diese in dem durch das ermächtigende Gesetz festgelegten Rahmen hält. Außerdem kann auch hier das Bestimmtheitsgebot eine Rolle spielen. Allerdings handelt es sich insoweit nicht um das spezielle Bestimmtheitsgebot des Art. 80 Abs. 2 S. 2 GG, sondern um das allgemeine aus dem Rechtsstaatsgebot nach Art. 20 Abs. 3 GG herzuleitende Gebot, dass jede Rechtsvorschrift hinreichend bestimmt sein muss.

Fehler Nr. 66***

(Staatsrecht)

»Der Eingriff in die Menschenwürde gemäß Art. 1 Abs. 1 GG könnte jedoch gerechtfertigt sein.«

Mit diesem Satz führt man seine Klausur auf eine hauchdünne Eisschicht. Die Menschenwürde ist nach Art. 1 Abs. 1 GG unantastbar. D. h., jeder Eingriff ist zugleich eine Verletzung, da eine Rechtfertigung nicht möglich ist. Wenn man das nach dem oben zitierten Obersatz klarstellt, ist die Klausur vom Eis. Wenn man nun aber stattdessen ohne Problembewusstsein eine Standardrechtfertigungsprüfung vornimmt, ist die Klausur nicht mehr zu retten. Es gibt zwar Stimmen in der Literatur, die eine Rechtfertigung eines Eingriffs in die Menschenwürde nicht für denknotwendig ausgeschlossen halten, wenn man diese Auffassung teilt, so ist der Begründungs- bzw. Argumentationsaufwand allerdings enorm.

Fehler Nr. 67**

(Staatsrecht)

»Der Eingriff in die Berufsfreiheit könnte jedoch verhältnismäßig sein. Dies ist hier der Fall.«

Nicht nur stilistisch eine Katastrophe, sondern inhaltlich auch völlig substanzlos. Verkannt wurde hier auch eine Besonderheit bei der Rechtfertigung von Eingriffen in die Berufsfreiheit nach Art. 12 Abs. 1 GG. Diese besteht darin, dass die vom BVerfG in seinem Apothekenurteil entwickelte Drei-Stufen-Theorie anzuwenden ist. Demnach gebe es drei Stufen, auf denen ein Eingriff stattfinden kann. Die Zuordnung zu den einzelnen Stufen erfolgt anhand der Intensität des Eingriffs. So gebe es Berufsausübungsregelungen (erste Stufe), subjektive Berufswahlregelungen (zweite Stufe) und objektive Berufswahlregelungen (dritte Stufe). Je nachdem, auf welcher Stufe der Eingriff liegt, stellen sich unterschiedliche Anforderungen an die Angemessenheit des Eingriffs.

Bei der Drei-Stufen-Theorie handelt es sich nicht um eine Alternative zur sonst üblichen Verhältnismäßigkeitsprüfung, sondern lediglich um eine bestimmtermaßen strukturierte Verhältnismäßigkeitsprüfung. An welcher Stelle innerhalb der Verhältnismäßigkeitsprüfung die Drei-Stufen-Theorie anzusprechen bzw. anzuwenden ist, wird nicht einheitlich beurteilt. Am sinnvollsten dürfte es im Rahmen der Prüfung der Erforderlichkeit des Eingriffs sein. Denn an dieser Stelle kommt es erstmals darauf an, auf welcher Stufe der Eingriff liegt. Liegt er auf zweiter oder dritter Stufe, ist zu erörtern, ob nicht ein Eingriff auf niedrigerer Stufe, und verneinendenfalls, ob ein milderer Eingriff auf gleicher Stufe ebenso geeignet gewesen wäre. Liegt der Eingriff auf der ersten Stufe, ist zu fragen, ob es auch einen milderen, gleichermaßen geeigneten Eingriff auf dieser ersten Stufe gegeben hätte.

Ob die Drei-Stufen-Theorie wirklich zwingend anzuwenden ist, wird nicht einheitlich beurteilt. Gerade von konservativeren Korrektoren dürfte diese Frage aber bejaht werden. Jedenfalls spricht nichts gegen eine implizite Anwendung der Drei-Stufen-Theorie, d. h. gegen die Vornahme einer »normalen« Verhältnismäßigkeitsprüfung, bei der die Grundgedanken der Drei-Stufen-Theorie zumindest als grobe Linie beachtet werden.

9.2 Übungsteil Öffentliches Recht

Aufgabe 1

Wann ist das VwVfG des Bundes und wann das des jeweiligen Landes anzuwenden?

Lösung:

Ihre Anwendbarkeit regeln die einzelnen VwVfG in den ersten Vorschriften selbst detailliert. Als grobe Leitlinie gilt, dass Landesbehörden und Gemeinden das VwVfG des jeweiligen Landes und Bundesbehörden das VwVfG des Bundes anwenden. In der Klausur kann in der Prüfung der Zulässigkeit bspw. bei der Erörterung, ob ein Verwaltungsakt vorliegt, das VwVfG des Bundes angewendet werden, da die Zulässigkeit einer Klage durch die VwGO bundesgesetzlich determiniert ist. Spätestens im Rahmen der Begründetheit muss jedoch auf das VwVfG des jeweiligen Landes abgestellt werden, denn die Begründetheit der Klage ist eine Frage des materiellen Rechts und zwar - in den meisten Klausuren - eine Frage des materiellen Landesrechts.

Unerheblich ist, dass das Bundes-VwVfG inhaltlich mit den jeweiligen Landes-VwVfG nahezu identisch ist. Es mag inhaltlich keinen Unterschied machen, ob ein Verwaltungsakt im Sinne von § 35 VwVfG oder im Sinne von Art. 35 BayVwVfG vorliegt. Es handelt sich formal jedoch um zwei unterschiedliche Gesetze und der Rechtsanwender darf ausschließlich das anwendbare anwenden.

Aufgabe 2

Welche Klageart ist statthaft bei erledigten Realakten?

Lösung:

Die allgemeine Feststellungsklage.

Aufgabe 3

In welchen drei sehr klausurrelevanten Konstellationen darf die Adressatentheorie nicht angewendet werden?

Lösung:

Die Adressatentheorie darf nicht angewendet werden, wenn Kläger ein Hoheitsträger (vor allem Gemeinde) oder der die Baugenehmigung anfechtende Nachbar sowie wenn statthafte Klageart die Verpflichtungsklage ist.

Aufgabe 4

Der Verwaltungsakt wird am 02.07.2015 per Post verschickt. Ein Vorverfahren ist nicht durchzuführen. Wann endet die Klagefrist?

Lösung:

Die Klage muss nach § 74 Abs. 1 S. 2 VwGO innerhalb eines Monats nach Bekanntgabe erhoben werden.

Ein schriftlicher Verwaltungsakt, der im Inland durch die Post übermittelt wird, gilt am dritten Tag nach der Aufgabe zur Post als bekannt gegeben (§ 41 Abs. 2 S. 1 VwVfG). Der Verwaltungsakt gilt hier daher als am 05.07.2015 bekannt gegeben. Dass es sich hierbei um einen Sonntag handelt, ist unerheblich. Insbesondere verschiebt sich der Bekanntgabetag nicht gemäß § 57 Abs. 2 VwGO in Verbindung mit § 222 Abs. 2 ZPO auf Montag, den 06.07.2015, denn es geht bei der Bekanntgabefiktion nicht um eine Frist, sondern um die Frage, wann ein Verwaltungsakt wirksam geworden ist, mithin um einen Termin. Die Regelung des § 57 Abs. 2 VwGO in Verbindung mit § 222 Abs. 2 ZPO gilt außerdem nur für das Ende einer Frist. Hier wird jedoch der Beginn einer Frist ermittelt.

Nach § 57 Abs. 2 VwGO in Verbindung mit § 222 Abs. 1 ZPO in Verbindung mit § 187 Abs. 1 BGB beginnt die Klagefrist daher am 06.07.2015 um 00.00 Uhr.

Sie endet gemäß § 57 Abs. 2 VwGO in Verbindung mit § 222 Abs. 1 ZPO in Verbindung mit § 188 Abs. 2 BGB am 05.08.2015 um 24.00 Uhr.

Aufgabe 5

Wie lange ist die Klagefrist, wenn der Verwaltungsakt folgende Rechtsbehelfsbelehrung enthält: »Der Verwaltungsakt kann durch Klage beim Bayerischen Verwaltungsgericht München innerhalb von vier Wochen schriftlich angefochten werden.«

Lösung:

Die Klagefrist beträgt nach § 58 Abs. 2 VwGO ein Jahr, da die Rechtsbehelfsbelehrung unrichtig erteilt ist. Es finden sich folgende Fehler:

Die Klage muss nicht unbedingt schriftlich erhoben werden. Sie kann nach § 81 Abs. 1 S. 2 VwGO auch zur Niederschrift des Urkundsbeamten der Geschäftsstelle des zuständigen Gerichts erhoben werden.

Die gesetzlich vorgesehene Klagefrist beträgt nicht vier Wochen, sondern einen Monat.

Sofern gegen den Verwaltungsakt auch der Widerspruch nach § 68 VwGO statthaft wäre, müsste dieser Umstand in der Rechtsbehelfsbelehrung genannt werden.

Sofern das Bayerische Verwaltungsgericht München nicht zuständig wäre, wäre die Rechtsbehelfsbelehrung ebenfalls falsch.

Wie man sieht, können im Rahmen der Prüfung der Klagefrist aufgrund der letztgenannten Fehler auch die Fragen relevant sein, ob ein Widerspruchsverfahren möglich gewesen wäre und welches Gericht zuständig ist.

Aufgabe 6

Wodurch kann die fehlende Anhörung nach § 45 Abs. 1 Nr. 3 VwVfG geheilt werden und wodurch nicht?

Lösung:

Die Heilung kann nicht durch einen bei Gericht einzulegenden Rechtsbehelf geheilt werden, weil es zur Heilung eines Fehlers im Verwaltungsverfahren einer Maßnahme innerhalb dieses Verfahrens bedarf. Eine Heilung wäre daher insbesondere durch Erhebung eines Widerspruchs möglich. Das Widerspruchsverfahren ist nämlich Teil des Verwaltungsverfahrens. Dazu muss der Widerspruch aber tatsächlich statthaft sein.

Aufgabe 7

Welches Rechtsmittel ist gegen Entscheidungen über Anträge nach § 123 oder § 80 Abs. 5, § 80a VwGO statthaft?

Lösung:

Die Berufung ist nicht statthaft, weil sie nach § 124 VwGO nur gegen Urteile möglich ist. Entscheidungen im Verfahren des einstweiligen Rechtsschutzes ergehen aber durch Beschluss. Statthaft ist daher gemäß § 146 Abs. 1 VwGO die Beschwerde.

Aufgabe 8

Wie verhalten sich Anträge auf einstweiligen Rechtsschutz nach § 123 VwGO zu solchen nach § 80 Abs. 5 VwGO? Welches Verfahren im einstweiligen Rechtsschutz gibt es im Verwaltungsprozess noch?

Lösung:

Diese Frage entscheidet § 123 Abs. 5 VwGO. Demnach ist in Fällen, in denen in der Hauptsache die Anfechtungsklage statthaft ist, im Verfahren des einstweiligen Rechtsschutzes ein Antrag nach § 80 Abs. 5 VwGO statthaft. Der einstweiligen Anordnung nach § 123 Abs. 1 VwGO kommt eine Auffangfunktion für alle anderen Fälle zu.

Gemäß § 47 Abs. 6 VwGO besteht auch in Fällen der Normenkontrolle die Möglichkeit einer einstweiligen Anordnung. Gegenüber § 123 Abs. 1 VwGO ist § 47 Abs. 6 VwGO vorrangig.

QUELLENVERZEICHNIS

Fischer, Thomas: Strafgesetzbuch, 2015.
Medicus, Dieter; Lorenz, Stephan: Schuldrecht II - Besonderer Teil, 2014.
Palandt, Otto: Bürgerliches Gesetzbuch, 2015.
Thomas, Heinz; Putzo, Hans: Zivilprozessordnung, 2015.

DIE NEUEN STUDIENFÜHRER

WEITERE STUDIENFÜHRER VON EDEN BOOKS

Die Pflichtlektüre für angehende Jurastudenten!

Dieser praktische Ratgeber liefert Antworten auf die entscheidenden Fragen: **Welche Inhalte erwarten mich? Wie finanziere ich mein Studium? Wie strukturiere ich die Semester sinnvoll? Was gilt es bei Auslandssemestern zu beachten? Und absolvieren Juristen tatsächlich das schwerste Studium Deutschlands?** Zahlreiche Anekdoten geben einen breiten und unterhaltsamen Einblick in den Studienalltag. Ronja Serena Spießer räumt hier mit gängigen Klischees auf und hilft bei der Vorbereitung auf den erfolgreichen Abschluss.

Ronja Serena Spießer
STUDIENFÜHRER JURA
256 Seiten | Taschenbuch | 12,5 × 19 cm
9,95 € (D)/10,30 € (A)
ISBN: 978-3-959100-38-0

WEITERE STUDIENFÜHRER VON EDEN BOOKS

Die Pflichtlektüre für angehende Medizinstudenten!

Dieser praktische Ratgeber liefert Antworten auf die entscheidenden Fragen: **Welche Inhalte erwarten mich? Wie finanziere ich mein Studium? Wie strukturiere ich die Semester sinnvoll? Was gilt es bei Auslandssemestern zu beachten? Und muss man im Medizinstudium wirklich so viel auswendig lernen?** Zahlreiche Anekdoten geben einen breiten und unterhaltsamen Einblick in den Studienalltag. Saskia Christ räumt hier mit gängigen Klischees auf und hilft bei der Vorbereitung auf den erfolgreichen Abschluss.

Saskia Christ
STUDIENFÜHRER MEDIZIN
272 Seiten | Taschenbuch | 12,5 × 19 cm
9,95 € (D)/10,30 € (A)
ISBN: 978-3-959100-24-3

WEITERE STUDIENFÜHRER VON EDEN BOOKS

Die Pflichtlektüre für angehende Politikstudenten!

Dieser praktische Ratgeber liefert Antworten auf die entscheidenden Fragen: **Welche Inhalte erwarten mich? Wie finanziere ich mein Studium? Wie strukturiere ich die Semester sinnvoll? Was gilt es bei Auslandssemestern zu beachten? Und wollen Politikstudenten wirklich alle Bundeskanzler werden**? Zahlreiche Anekdoten geben einen breiten und unterhaltsamen Einblick in den Studienalltag. Pierrot Raschdorff räumt hier mit gängigen Klischees auf und hilft bei der Vorbereitung auf den erfolgreichen Abschluss.

Pierrot Raschdorff
STUDIENFÜHRER POLITIK
240 Seiten | Taschenbuch | 12,5 × 19 cm
9,95 € (D)/10,30 € (A)
ISBN: 978-3-944296-47-0

IMPRESSUM

Oliver Chama
Studienführer Juristische Grundlagenfehler
ISBN: 978-3-959100-25-0

Eden Books
Ein Verlag der Edel Germany GmbH

www.edenbooks.de | www.facebook.com/EdenBooksBerlin | www.edel.com
1. Neuauflage 2015

Projektkoordination: Judith Haentjes
Lektorat: Susanne Röltgen
Umschlaggestaltung und Layout: Eden & Höflich
Satz: Datagrafix Inc.| www.datagrafix.com
Druck und Bindung: optimal media GmbH, Glienholzweg 7, 17207 Röbel/ Müritz

Das FSC®-zertifizierte Papier *Holmen Book Cream* für dieses Buch lieferte Holmen Paper, Hallstavik, Schweden.

Printed in Germany

Dieses Buch ist auch als E-Book erhältlich.

Um die kulturelle Vielfalt zu erhalten, gibt es in Deutschland und in Österreich die gesetzliche Buchpreisbindung. Für Sie, lieber Leser und liebe Leserin, bedeutet das, dass Ihr verlagsneues Buch jeweils überall dasselbe kostet, egal, ob Sie Ihre Bücher gern im Internet, in einer großen Buchhandlung oder beim kleinen Buchhändler um die Ecke kaufen.